最高の成果を
生み出す

ビジネススキル・プリンシプル

BUSINESS
SKILL
PRINCIPLE

中尾隆一郎

フォレスト出版

はじめに

　仕事の成果は、最も弱いスキルに影響されます。

**　仕事で「成果」を挙げるには、様々な知識や「スキル」が必要です。そして仕事の「成果」は、その仕事に必要な「スキル」のうち、最も弱いスキルに影響されます。**

　例えば、提案営業職には、「プレゼンテーション力」「クロージング力」「ヒヤリング力」という3つのスキルが必要です。それぞれ10点満点中5点レベルのスキルが必要だとします。

　ある営業メンバーのスキルレベルが、プレゼンテーション力5点、クロージング力8点、ヒヤリング力3点だとします。すると営業成績は、最も点数の低いヒヤリング力3点の影響を強く受け、結果3点レベルの売上結果になるのです。

　プレゼンテーション力は5点なので問題ありません。クロージング力は8点なのでかなりのレベルです。しかし、ヒヤリング力3点に足を引っ張られて、3点レベルの売上結果しか出せないのです。

　これはビジネス書のベストセラー『ザ・ゴール』で有名な、エリヤフ・ゴールドラット教授が提唱している**「制約条件理論」**の私なりの解釈が根拠です。制約条件理論では、もっとも弱いところ（制約条件）を守ると、強くなるといっています。

　その1番弱いところが、上記の提案営業職の例では「ヒヤリング力3点」にあたるのです。

**　つまり、仕事で成果を上げるためには、様々なスキルがある一定レベル必要なのです。特に変化が大きく、業務が複雑になってくると、ますます多様なスキルが必要になってきます。**

制約条件理論を理解するための「たとえ話」

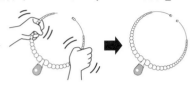

ネックレスを引っ張ると
どこが切れるか?

①ネックレスを引っ張ると一番弱い箇所(制約条件)が切れる。
②一番弱いところを強化し、また引っ張ると次に弱いところが切れる。
③順に弱いところを強化していき、すべてが引っ張る力(閾値)より強くなると、ネックレスは切れない。

→ ネックレスの強さ(成果)は、一番弱いところ(制約条件)に影響を受ける。
すべての場所が、引っ張る強さ(閾値)を超えると切れない。

　実は、このような思いを15年ほど前から持っていました。「ビジネスで必要なスキルを網羅的に教えてくれる本があればよいのに」と思っていたのです。そこで、2004年に仕事のレベルアップをするためのスキルを集めた『リクルート流 仕事ができる人の原理原則』という本を上梓しました。私にとって3冊目の本です。

　この本は、当時の私が15年間の社会人生活で学んだ集大成の本でした。この本を出版してから15年以上経ちましたが、嬉しいことに、今でも役に立つという声をいただきます。

　刊行当時の私は、リクルートの一部門の事業企画マネジャーに過ぎませんでした。

　その後、リクルート住まいカンパニーの執行役員としてスーモカウンターの急成長に貢献(担当6年間で売上30倍、店舗12倍、メンバー数5倍)、リクルートテクノロジーズの社長としてリクルートグループのIT化に貢献し、リクルートワークス研究所の副所長として女性の働き方改革の提言をしました。その間に経済産業省の委員もしました。2017年からは旅行代理店の旅工房の社外取締役をする機会を得ました。

2019年からは、私が学んだマネジメントを世の中に広げるための中尾マネジメント研究所（NMI）を設立し、成長を強く志向する企業の組織拡大の支援をスタートしています。

　これらの経験を通じて、様々な業界のリーダーの仕事ぶりを間近で見ることもできました。上場企業の経営者、官公庁のリーダー、ベンチャー企業の経営者、NPOのリーダー、社会起業家など、本当に人の縁にも恵まれました。

　並行して20年弱、毎年100冊以上の本を読むことを自分に課し、それを6年前からはSNSにアップし続けています。

　この『**最高の成果を生み出すビジネススキル・プリンシプル**』にまとめたスキルは、2つの情報ソースから作りました。

　1つは、15年前に私が書いた本の内容のうち15年を経た現在でも活用できるものを再編集しました。もう1つは、この15年で様々なリーダーの仕事ぶりと私自身の経験から学んだスキルを新たに書き起こしました。それらをまとめて1冊の本にしました。少し欲張ったので、分厚い本になりました。

　冒頭に書いたように、**仕事の「成果」は、必要な「スキル」のうち最も弱いスキルに影響されます**。本書のスキルを習得して、仕事の成果向上に役立てていただきたいと考えています。

　本書の構成は、仕事の「成果」を挙げるための78のスキルを7つに分類しました。**興味を持ったページだけ読んでも内容が理解できる構成にしています。**

　まずは気楽に、興味をもった項目を読んでみてください。

2019年3月
中尾隆一郎

第 1 章　ROIを意識して生産性を上げる

Business Skill 1	やらないことを決める	14
Business Skill 2	「緊急度」ではなく「重要度」で仕事の優先順位を決める	18
Business Skill 3	80対20の法則に従う	22
Business Skill 4	選択肢のないことに悩まない	25
Business Skill 5	自分がする仕事と人に依頼する仕事を分ける	28
Business Skill 6	ToDoリストを活用する	31
Business Skill 7	その仕事を他に転用できないかを考える	34
Business Skill 8	QCDを確認する	37
Business Skill 9	TTPSを活用する	40
Business Skill 10	会議の生産性を劇的に高める	42
Business Skill 11	コミュニケーション手段の変化に対応する	45
Business Skill 12	「ウォーターフォール」か「アジャイル」か考える	49
Business Skill 13	在宅勤務(テレワーク)の活用を考える	52

第 2 章　最強のフレームワークを使って思考を磨く

Business Skill 14 / TCMEの整合性　　　　　　　　　　58

Business Skill 15 / 数値化　　　　　　　　　　　　　63

Business Skill 16 / ビジュアル化　　　　　　　　　　67

Business Skill 17 / モデル化　　　　　　　　　　　　71

Business Skill 18 / フレームワークの基本❶
ロジックツリー　　　　　　　　　　　　　　　　　74

Business Skill 19 / フレームワークの基本❷
マーケティングミクス　　　　　　　　　　　　　　78

Business Skill 20 / フレームワークの基本❸
顧客の3C　　　　　　　　　　　　　　　　　　　81

Business Skill 21 / フレームワークの基本❹
5F　　　　　　　　　　　　　　　　　　　　　　84

Business Skill 22 / フレームワークの基本❺
ビジネスプロセス　　　　　　　　　　　　　　　　88

Business Skill 23 / フレームワークの基本❻
登場人物と価値の交換　　　　　　　　　　　　　　91

Business Skill 24 / フレームワークの基本❼
利益モデル　　　　　　　　　　　　　　　　　　　93

第 3 章 / 数字を使いこなして判断する

Business Skill 25	グルーピング・信頼性の確認	105
Business Skill 26	合計と平均	109
Business Skill 27	項目どうしの割り算	112
Business Skill 28	情報を付加する	115
Business Skill 29	BSの読み方	118
Business Skill 30	PLの読み方	122
Business Skill 31	CFの読み方	126
Business Skill 32	顧客分類	129
Business Skill 33	損益分岐点とその下げ方	132

第 4 章 / 思考と行動のルーティンを変える

Business Skill 34	新聞・雑誌・インターネットからの情報の取り方	138

Business Skill 35 / SNSからの取引先情報の取り方　141

Business Skill 36 / ギブ・アンド・テイクの本質　144

Business Skill 37 / やりたいことを言い続ける重要性　147

Business Skill 38 / エンパワーメントの引き出し方　150

Business Skill 39 / 常にROIを意識する必要性　153

Business Skill 40 / 105％の面談と95％の面談の大きな違い　156

Business Skill 41 / 3つの読書術　159

Business Skill 42 / GTR思考法　163

Business Skill 43 / 習慣の力　168

第 5 章 / 事象の裏側を探って仕事のレイヤーを上げる

Business Skill 44 / 永続的に伸びる会社を見抜く　173

Business Skill 45 / 自分の仕事の意味づけを変える　177

Business Skill 46 / 仕事の意味づけを変えると成果が変わる　180

Business Skill 47 / 人の発言や行動の潜在的な理由にメスを入れる　184

Business Skill 48	上司に不満を伝えても、なぜ伝わらないのか？	187
Business Skill 49	解決してはいけない課題もあると知る	190
Business Skill 50	「もう1つの仕事」に精を出していませんか？	193

第6章 / マネジメントの原理原則を身につける

Business Skill 51	マネジメントをめぐる致命的な2つの誤解	200
Business Skill 52	人の管理はエンパワーメント	203
Business Skill 53	ジョブアサインメント	206
Business Skill 54	9ボックスの活用	209
Business Skill 55	できるマネジャーのフィードバック	213
Business Skill 56	仕事の管理はすべてプロジェクトマネジメント	216
Business Skill 57	PMBOKの基本	218
Business Skill 58	組織に共通言語を創る重要性	222
Business Skill 59	YMC（弱みを見せあうカフェ）	226
Business Skill 60	PDCAより使いやすい「PDDS」	231

| Business Skill 61 | KPIマネジメント | 233 |
| Business Skill 62 | 数字で管理することの是非 | 237 |

第7章 さらにレベルアップするためのスマート・スキル
～ものの見方を変えてみよう～

Business Skill 63	「知っている」と「できる」の間に存在する大きな溝	242
Business Skill 64	ラーニング・アビリティー	245
Business Skill 65	自責性と他責性	248
Business Skill 66	悪い結果こそいち早く伝える	251
Business Skill 67	社外パートナーとのうまい付き合い方	254
Business Skill 68	本番で練習するリスク	257
Business Skill 69	やりたいこととやらねばならないこと	260
Business Skill 70	選択肢の中に正解がないとき	263
Business Skill 71	目的と手段の関係	265
Business Skill 72	見たことのある鶏は食べられない	268
Business Skill 73	ビジネスにおける「引き寄せの法則」	271

| Business Skill 74 | 代替人材のいない不幸 | 274 |
| Business Skill 75 | 人工知能（AI）は人の仕事を奪うのか | 277 |

| 特別付録 | マネジメントに役立つ厳選名著17選 |

Business Skill 76	「PE：ピープルエンパワーメント」の名著	283
Business Skill 77	「PM：プロジェクトマネジメント」の名著	286
Business Skill 78	「PE」と「PM」の両要素に関する名著	288

ブックデザイン　小口翔平＋岩永香穂（tobufune）
図版制作　　　　コットンズ
DTP　　　　　　キャップス
校正　　　　　　永田和恵

第 1 章

ROIを
意識して
生産性を上げる

Using ROI to Improve
Your Productivity

仕事で成果を上げるための重要なポイントの1つとして「時間の使い方」が挙げられます。高い成果を上げ続けているビジネスリーダーは例外なく「時間の使い方」が上手です。逆に成果を上げられない人は例外なく「時間の使い方」が下手です。

そしてこの時間の使い方の上手、下手というのは、仕事のROIの高さ、低さに強い相関があります。

ROI[*]はReturn On Investmentの頭文字を略した言葉です。日本語では投資対効果といい、アール・オー・アイと読みます。Return On Investment という言葉が表している通りReturn（効果）がInvestment（投資）の上にある、つまり分数を表しています。

R÷I＝ROIということです。

例えば、100円投資したらいくら戻ってくるのか？

これがROIです。値が大きければ大きいほど投資対効果が高いので、効果的だということです。逆に小さければ小さいほど、投資対効果が低いということ。

投資が100円で効果が100円未満、例えば効果が90円だとするとROI＝0.9になります。100円投資すると90円返ってくるので10円損をします。直観的に分かると思うのですが、投資したお金が減るので、投資したくないですよね。

これはお金に限らず、時間であっても同様の考え方ができます。

通常1時間でできる仕事量があるとします。同じ1時間で想定している仕事量の2倍（2÷1）できる人は、ROIは2。一方、同じ1時間で半分の仕事量しかできない人のROIは0.5（1÷2）と表現できます。同じ1時間の時給を支払うのであれば、当然ROIが1以上の人に仕事を頼みたくなります。

ROIの値が大きい＝投資対効果が大きい＝仕事ができることを示しています。どうすればROIを大きくできるでしょうか？　ROIは分数です。ROIを大きくするには、Rを大きくするか、Iを小さくするか、そして両方を実行するかという3通りの方法があります。この章では、どうすればROIを大きくできるかを一緒に考えていきたいと思います。

この章は、特に次のような人に役立ちます。

☑ いつも、仕事に追われている感じがする人
☑ 長時間労働が常態化している人
☑ 長時間働いているけれど、周囲の評価が高くない人
☑ 仕事の優先順位のつけ方がよく分からない人
☑ 自分の部署の生産性が低いと思っている人

この章では、これらを解決するための13のビジネススキルを紹介しています。

① やらないことを決める
② 「緊急度」ではなく「重要度」で仕事の優先順位を決める
③ 80対20の法則に従う
④ 選択肢のないことに悩まない
⑤ 自分がする仕事と人に依頼する仕事を分ける
⑥ ToDoリストを活用する
⑦ その仕事を他に転用できないかを考える
⑧ QCDを確認する
⑨ TTPSを活用する
⑩ 会議の生産性を劇的に高める
⑪ コミュニケーション手段の変化に対応する
⑫ 「ウォーターフォール」か「アジャイル」か考える
⑬ 在宅勤務（テレワーク）の活用を考える

＊ROIは利益÷資本を示す会計用語です。

$$\text{ROI} = \frac{資本}{利益} = \frac{利益}{売上}（利益率）\times \frac{売上}{資本}（回転率）$$

本書ではより広義に捉えて、投資（人・モノ・金・時間）と効果の比率として使います。

Business Skill 1 / やらないことを決める

優先順位を決めるだけでは生産性は上がらない

目の前にたくさんの仕事がある。
どれから手をつけてよいか分からない。
あるいは、ある仕事をしている途中で、別の仕事がやってくる。
どれを優先するのか決めかねているうちに、時間だけが過ぎていく。

「あぁ……1日が48時間くらいあればいいのに」
「私の仕事の優先順位、誰か決めてくれない?」

そのようなことを思った経験はないでしょうか。
ところが周りを見渡すと、段取りよく仕事をこなす先輩社員や同僚社員がいることに気づくかもしれません。そこで段取りのよい先輩に、仕事の生産性について相談してみます。すると「仕事の優先順位をつけなさい」とアドバイスをしてくれることが多いようです。
やるべき仕事をリストアップして、優先順位の高い仕事から取り組むようにアドバイスされるわけです。
驚くことに、大半のビジネスパーソンは、(正しく) 優先順位をつけずに仕事をしています。「そんなことはない」と思うかもしれませんが、事実です。
もちろん、本人独自の優先順位があるケースもあります。例えば、依頼を受けた順番、急ぎの順番などを優先順位として仕事をしている人です。これらもある意味優先順位ですが、これは正しい優先順位でしょうか。
もちろん、あなたが自分自身で (正しい) 優先順位をつける必要のないアシスタント業務担当であったり、優先順位のつけられない新入社員であれば、依頼を受けた順番で、段取りよく業務をこなすことで十分かもしれません。

しかし、あなたが社会人歴数年以上のビジネスパーソンで、仕事を依頼された順番、思いついた順番、気づいた順番に仕事をしていたとすれば、それは順番をつけただけで、本来の意味での正しい優先順位はつけられていないということを知っておいた方がよいでしょう。

「やらないこと」を決めるのはなぜ重要なのか

正しい優先順位をつけることができれば、仕事の生産性は少し向上します。しかし、それだけでは、その効果は限定的です。もちろん優先順位をつけないよりは、つける方が生産性は向上します。しかし、繰り返しになりますが、**優先順位をつけるだけでは、あなたの生産性は大きく向上しないのです。**

なぜでしょうか。

それは優先順位を決めるだけだとすると、優先順位の低い仕事も結局は「やる」からです。つまり、優先順位の低い仕事に対しても、あなたは限りある時間を使ってしまうのです。

例えば、「今日は時間があるので、優先順位の低いこの仕事を片づけてしまおう」といった具合に。そうすると、やった仕事とかかった時間は、順番を変えただけで、結局は当初計画と同じになってしまいます。**つまり、生産性はまったく上がっていないことになるのです。**

ではどうすればよいのでしょうか。

答えは簡単です。

正しく優先順位を決めることに加えて、「やらないことを決める」、そして「その仕事をやらない」のです。それだけです。そうすると、その「やらない仕事にかかる時間」を他の優先順位の高い仕事に振り向けることができるのです。

ところが、この話をすると大半の人は、「そんな簡単なことでよいのか」という反応を示します。そうなのです。簡単なことなのです。ただし、やらないことを決める際に、思いついた順番に「やらない」というのでは困ります。大事な仕事なのに、思いつく順番が遅かったのでやら

ないというのでは、生産性向上以前の話です（優先順位の決め方は、次の項目で紹介しますので、参考にしてください）。

人・モノ・金・時間は「有限」

　話を元に戻しましょう。仕事の生産性を向上させるためには、やらないことを決める。そして「やらないと決めたことは、たとえ時間があっても絶対にやらないこと」なのです。

　ここまで話をすると、少し反応が分かれます。
「絶対にやらないのは難しい」というのです。

　不思議なことですが、自分だけ暇にしていたり、早く帰ったりすると、周囲に対してバツが悪いと感じるようです。そして、時間があると、優先順位が低くて「やらない」と決めた仕事もついやってしまうのです。そうすると前述したように、生産性は上がらないのです。

　繰り返しになりますが、重要なのは「やらないと決めたことは、時間があってもやらない」ことです。

　ところが、一部の人の反応に「そもそも優先順位の低い仕事などない」というものがあります。「仕事はすべて重要なのだ」という意見です。ある側面では正しい意見かもしれません。そもそも大抵の仕事というものは「やった方がよいかやらない方がよいか」と聞かれれば、大半の仕事は「やった方がよい」ものが多いでしょう。

　しかし、この反応をする人は、重要な観点を忘れています。**あなたの時間も、そして会社の資金も全て有限なのです。限られている人、モノ、金、時間を重要な仕事にだけ集中して取り組む。これが時間の有効な使い方の最大のポイントなのです。**

　もしもあなたが部下を持つ立場であれば、これを応用して考えてみてください。つまり、担当組織の生産性を向上させる最も重要なポイントは「部下の仕事の中でやらないことを決める」ことなのです。そして、空いた時間の一部で、次の重要な仕事をしてもらえばよいのです。それができれば、あなたの組織の生産性は飛躍的に向上します。

これをROI的に説明すると分子のRを大きくし、分母のIを少し小さくする効果があり、ROIが大きくなるのです。

　ある一部上場企業は、これを「掃除」と表現しています。年に数回「掃除」「中掃除」「大掃除」と名づけて、「やらないことを決めるミーティング」をしています。聖域を設けずに、今までやってきたことであっても、本当にやり続けるのかをチェックしています。

　この「掃除」をやりだして数年経つと、言い出しっぺの創業社長が「それも本当にやめるの？」と驚くほど大胆に業務の見直しを行うようになるそうです。

　あなた自身でも、組織でも、この「掃除」を定期的にやってみることをお勧めします。

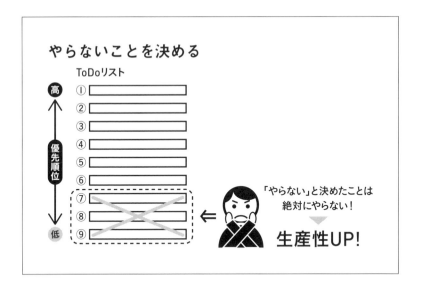

Business 2 Skill / 「緊急度」ではなく「重要度」で仕事の優先順位を決める

あなたの「大きな石」は何ですか?

　次は仕事の優先順位の決め方です。
　仕事はできるものの、段取りの悪い人には共通点があります。
　それは、いつも仕事に追われているように見えることです。そういう人たちも長時間労働の結果の業績が認められて管理職になるケースがあります。すると長時間労働の連鎖が起きます。その管理職の成功パターンは、長時間働くことです。結果、その人が担当する部署の部下もいつも忙しそうになり、長時間労働が常態化するのです。
　彼らの仕事のモノサシ、つまり優先順位の基準は何でしょうか。それは、本人が気づいているかどうかにかかわらず、今日中にやる、あるいは明日までにやるといった**「緊急度」というモノサシだけで仕事の優先順位を決めていること**です。
　「緊急度」のモノサシで仕事の優先順位を決めている人たちに対して、一度立ち止まって「仕事の優先順位を再設定すること」をアドバイスしてもほとんど意味がありません。答えはこう言うに決まっています。

「明日までにこれをやらないといけないので、そんな悠長なことは言ってはいられない」

　そしてその人(あるいはその組織)は、翌週も翌月も極端な場合は翌年も仕事に追われて毎日を過ごすのです。しかも、忙しいのを少し誇らしげに感じていたりします。
　そして、会社から長時間労働を改善するようにいわれるまで、あるいは誰かが過労で倒れたりするまで、変化しないのです。
　あなたや、あなたの組織はどうでしょう。
　私自身も入社数年目まではそうでした。
　では、緊急度以外のどのようなモノサシで、仕事の優先順位を決めれ

ばよいのでしょうか。

「大きな石」でスケジュールを埋める

　これを考える際の有効な考え方として、かつて日本のビジネス界で一大ブームになったフランクリン・コヴィー博士の**「7つの習慣」**があります。「7つの習慣」はご存じの方も多いと思います。博士は言います。

「仕事を緊急度の高低と重要度の高低の二軸によって4分類しなさい。そして緊急度が低く重要度の高い仕事から優先的にスケジュールに書き入れなさい」

　博士はこの緊急度が低く、重要度の高い仕事を**「大きな石」**と呼んでいます。「スケジュールを大きな石で埋めるのです」とアドバイスしています。
　一般的な感覚だと「重要度が高い仕事の優先順位が高いのは分かる。しかし、緊急度が高い仕事も優先順位が高いのではないか」と感じます。私も初めてこの考え方に触れたときにそう思いました。つまり「重要度も緊急度も高い仕事」こそ、博士の言う「大きな石」ではないかと思うのです。
　これは、次のようなたとえ話によって理解するとよいでしょう。

「グローバル化や中国の進展を考えると、英語や中国語を学んでおこうと思った人は少なくないはずです。それは今、気づいたというよりも数年前もそう感じていたのではないでしょうか？」

「しかし、語学を学ぼうという意識はあったとしても、今の仕事で英語も中国語も直接必要ではない場合、実際に学び始める人は多くありません。結果どうでしょうか。**数年経った現在でも、英語も中国語もビジネスで使えるレベルにはなっていません**」

「そして、この習慣を続ける限り、来年も再来年もそうなのです」

耳が痛い話です。
これが博士の言う**「重要度は高いが緊急度が低い＝大きな石」**だったのです。数年前に週に1回でも2回でも語学を学び始めていたとしたらどうでしょう。きっと今ごろは話せるようになっていたのではないでしょうか。

「大きな石」の考え方はビジネス以外にも有効

実際の仕事におけるケースでもそうです。
今日やらなければいけない仕事ではないけれど、将来に備えてやっておいた方がよい勉強、研修への参加、そして人間関係作りなどがそうです。重要顧客への自社への満足度に関するインタビューなどもそうかもしれません。
単視眼的に考えると、明日までにやる仕事をやり遂げることは極めて重要です。しかし、本来は、**明日までにやらないといけない仕事だけをしている段取りの悪さを課題解決すべきなのです。**
そのためにBusiness Skill 1（14ページ）で紹介した「優先順位の低い仕事はやらない」という習慣が重要なのです。そして、その前提となる優先順位の参考になるのが、この第二領域「大きな石」です。
これは、ビジネスだけではなく、様々な優先順位をつけるうえで、とても参考になる考え方であるといえるでしょう。
私は、自分自身のスケジュールを考える際には、さらに少し工夫を加えています。
「緊急度」のモノサシを可能な限り無視するのです。つまり私たちは、常日ごろ、知らず知らずのうちに「緊急度」のモノサシで考えるクセが染みついています。**勇気を持って「重要度」のモノサシだけで考えてみてください。**
これはROI的に説明するとRの高い仕事を増やすことでROIを高め

る方法です。

　ちなみに私にとっての「大きな石」は、①本を読んでインプットし続けること、②ジムに行って飲み続けられる心身を保つこと、③友人や家族と良好な関係を築き続けるための時間を使うことなどです。

　みなさんの「大きな石」は何ですか。

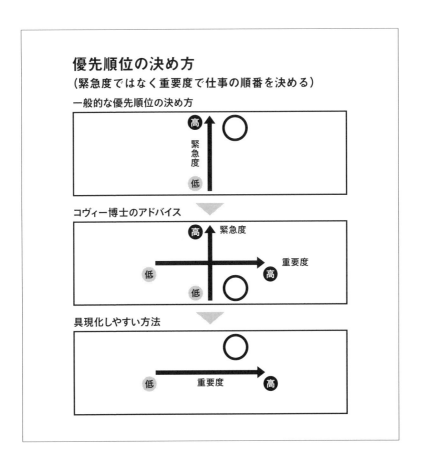

Business 3 Skill

80対20の法則に従う

仕事の生産性を5倍にする驚きの方法

　仕事の生産性を劇的に（なんと5倍くらいに！）向上させる方法を紹介しましょう。
　「80対20の法則」の応用です。
　ご存じの方も多いかもしれませんが、80対20の法則（パレートの法則）について簡単に説明します。
　仕事の達成率と時間の費消率の関係には法則があります。**ある仕事の80％までを達成するのにかかった時間は、最終的にかかった時間の20％にすぎないという法則**です。
　例えば、ある仕事をするのに10時間かかったとします。ところが実は仕事の80％を達成するのにかかった時間は、全体の10時間のうちの20％、つまり2時間ということなのです。
　ここに仕事の生産性を大きく向上させるヒントがあります。
　もしもあなたが、仕事の成果を80％でよいと決めることができれば、残りの8時間を別の仕事に活用できるというわけです。
　今まで10時間かかっていた仕事が2時間で終わるのです。
　つまり、10時間÷2時間＝5となり、同程度の仕事を5つできることになります。

80％の時間であなたは何をしているか？

　この話を紹介すると反応が2通りに分かれます。
　納得するタイプは仕事の効率が5倍になります。
　反対するタイプは「仕事は100％の成果を追いかけるものだ」と主張し、結果何も変わりません。
　もしもあなたが、「反対するタイプ」だとしたら、次のような仕事をイメージしてください。具体的には、あなたが顧客向けの資料を作っ

て、事前に上司にチェックをもらう仕事をイメージします。

仕事の80％（時間は20％）まで終わった残りの20％（時間は80％）で何をしているでしょうか？

実は、資料の字の級数（大きさ）を変えたり、飾り（太字や下線）をつけたり、色をつけたり、アニメーションを施したり、背景の色を変えたりといったことをしていませんか。実際に顧客にプレゼンテーションをする場合は、このような加工が有効な場面があります。それを否定するつもりはありません。

しかし、上司へのチェック段階で、綺麗に加工された資料を見せたとしても、そもそも資料の中身に関しての改訂や追加、極端な場合、全面ボツなどということも少なくないはずです。そうするとあなたが加工に費やした時間は、全て無駄になってしまうのです。

どうすればよいのでしょうか？

80対20の法則で生産性は5倍になる！

それは、**成果が80％の段階（時間は20％）で上司に確認をすればよい**だけです。具体的には、資料の加工をする前の段階で、資料の大筋の流れや、コンテンツ（内容）に関して、上司の承認をもらう習慣をつければよいのです。

そして上司のチェックを通じて、おおよそ問題がないことを確認したうえで、必要に応じて、顧客が、より理解しやすい形に加工するというスケジューリングをすればよいでしょう。本当に簡単な工夫です。ただ、この単純な変化を意識するだけであなたの仕事の生産性は5倍に変化します。

もしもあなたに部下がいて、組織の生産性を向上させたいと思った場合、この考えを応用できます。資料が80％の段階（時間は20％）であなたに確認の時間をとるように部下に要望することです。たったこれだけで、あなたの組織のパフォーマンス（成果）は5倍に向上します。

私自身、営業から企画に異動した際に、これを体感することができま

した。当時、私のいた組織は、業務と比較するとメンバーの人数が少なかったために、いつもオーバーフロー気味でした。そこで、この80対20の法則の考え方をメンバーと共有したのです。そして、メンバーに次のことを要望しました。

　私に対して提出する資料は、加工する前の下書き、極端な場合、手書きやエクセルの表、メモの状態で見せることを求めたのです。結果、劇的に生産性が向上しました。

　これを実行するには、2つ条件があります。1つ目はスケジュールです。メンバーが私との報告・連絡・相談のミーティングのスケジュールを取りやすいように、私自身のスケジュールをオープンにすること。これは、決めさえすれば簡単ですね。そして、その際は、自分自身の仕事よりもメンバーの仕事を優先させる意識を持つことです。

　一般的には上司の方がメンバーよりも重要な仕事を担当しています。しかし、メンバーの仕事を優先させることで、メンバーの力が向上し、組織の総和の力が向上します。メンバーの仕事レベルを上げるためにも、メンバーの仕事へのレビューやアドバイスを優先するのです。

　そしてもう1つは、**上司自身が、資料が80％の状態でも判断できる能力を持つこと**です。難しそうに感じるかもしれませんが、やってみると簡単です。ぜひ実行してみてください。

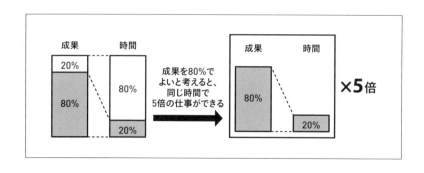

Business Skill 4 / 選択肢のないことに悩まない

坂本龍馬の逸話から学ぶ仕事術

　明治維新の立役者である、かの坂本龍馬の逸話から学んだことです。龍馬は若い時に、なぜか「天から大きな石が降ってくるかもしれない」と思い、毎日それに悩んでいたそうです。
　ところがある日、「落ちてくるかどうかも分からない石に怯えて暮らすのはバカだ」と悩むことをやめたそうです。
　余談ですが、その後、剣豪としても名を馳せた坂本龍馬のうしろ姿を見て、他の剣客が「隙がない」と言ったのは、常に石が落ちてくるかもしれないと意識していた名残だろうといわれています。
　私たちの日常の仕事でもこの「天から大きな石が降ってくるかもしれない」と悩むことに費やしている時間が少なくありません。簡単な話、坂本龍馬のように、これをやめるだけで生産性は劇的に向上します。

選択肢に悩むお決まりのパターン

　具体的な話をしましょう。あなたがある仕事をするときに、検討の結果、選択肢を3通り準備しました。便宜的にそれぞれをA案、B案、C案と名づけます。
　ところがA案は、効果は見込めるのですが、予算と納期が条件に合いません。またB案も納期に関して条件が合わないのです。予算や納期に関して折衝を行ったのですが、この前提条件に関しては、変更できないのです。
　「予算」「納期」「品質」は仕事に関しての必須条件ですから、A案とB案は選択できません。
　つまりあなたの選択肢はC案しかないのです。
　ところが、ここまで考えた後で、あなたは悩みだすのです。不安になるのです。何を悩むのでしょう。悩むポイントは次の2つです。

①他によい案はないのか？
②本当にC案でよいのか？

　あなたが、まじめな性格であればあるほど、この2つに関して一生懸命悩みだすのです。しかし、この悩みは、そもそも選択肢を見つけるときに考えておく話です。
　つまり、**悩むタイミングが間違っている**のです。他によい案がないかという話は、この選択肢を決める段階ではなく、それ以前の選択肢を見つける際に悩む話なのです。その段階で、きちんと考えていたとすれば、今さら画期的な選択肢など見つかるはずもありません。
　他に選択肢がない中で、C案でよいのかと悩むのは、言葉を選ばずに表現すれば「時間の無駄」です。つまり、これこそが生産性を低下させる行為なのです。

「目的」を正しく理解してこそ適切な選択肢が見えてくる

　しかし、あなたがビジネスパーソンとしての経験が浅い場合、選択肢を考え出す段階でモレがあるのはよくあることだと思います。
　実際、私自身もメンバー時代、よくこれで悩み、後から考えると、無駄な時間を過ごしました。具体的には、このケースでいうと、悩みに悩んで無駄に時間を費やした上で、上司に「C案が最適です」と報告にいきます。すると当時の上司から「そうではなくてD案だ」と言われるのです。つまりA案～C案ではない別の選択肢を提示されたのです。
　悔しいことに、詳細に検討すると、確かにD案の方が、この目的には適していました。上司との経験の差、情報量の差によって、目的を履き違えていたのです。
　正確に表現すると、私自身が、本来の仕事の目的を理解してなかったということが理由でした。つまり目的を理解せずに、やり方である「手段」を議論していたということです。この「目的と手段の関係」につい

ては、Business Skill 71（265ページ参照）で詳しく説明しますので、参考にしてみてください。

　話を元に戻しましょう。
　繰り返しになりますが、目的も正確に理解した上で、その目的を達成する手段がA案～C案の3つで、しかもC案以外は、全ての条件を満たしていないとすれば、それ以上、悩んではいけません。これこそ時間の無駄です。選択肢がないのですから、C案を実行するのみなのです。
　もちろん、それでも悩みたくなる気持ちは分かります。その場合は、あなた1人で悩むのではなく、その案件に関して、十分な知見がある方に相談をしてみてください。上述のD案は、あなた1人では簡単には見つかりません。この案件を誰に相談すればよいのかを考えて、相談してみてください。悩んでも仕方がないことに悩まずに、行動を起こしてみる。これだけでも生産性は向上するはずです。
　ROI的に説明すると、無駄な時間を使わないという意味でIを小さくしてROIを高めようということです。あるいは相談することでRを大きくしようということです。

3通りの選択肢から選ぶ

- **A案**　予算と納期の条件が合わない　➡ ✗
- **B案**　納期の条件が合わない　➡ ✗
- **C案**　━━━━━➡ 選択肢はこの案しかない！

選択肢のないことに悩まない

Business 5 Skill / 自分がする仕事と人に依頼する仕事を分ける

仕事ができる人は「人に任せる」のがうまい

ビジネスの世界には、まれにスーパーマンのように何でも1人でやれるような人がいます。しかし、そのスーパーマンの仕事を詳細に観察すると、実は1人でやっているのではないことが分かります。**周りの人にうまく仕事を依頼して生産性を上げることで、スーパーな成果を挙げているのです。**

ここでは、仕事を他人に丸投げするのではなく、仕事の一部を人に頼むことで生産性を向上させる方法を考えてみます。

具体例として、顧客向けレポートの内容を上司に決済を取る手順を考えてみます。

①資料のアウトラインを考える（2時間）
②上司にアウトラインの確認をする（30分）
③必要な関係資料を集める（1時間）
④資料をもとにアウトラインに肉づけをする（1時間）
⑤方向修正の必要性を検討する（30分）
⑥資料を作成する（2時間）
⑦上司に中間確認をする（30分）
⑧レポートの仕上げを行う（2時間）
⑨上司に最終確認をする（30分）

これを1人で実施する場合は、当然　①→②→③→④→⑤→⑥→⑦→⑧→⑨となるわけです。仕事の進め方が直列ですので、時間は単純合計で10時間かかることになります。

次に、この仕事の中で他の人に依頼できる部分を見つけてみます。少なくとも③⑥⑧などは依頼しやすい仕事です。合計5時間分の仕事です。これを他の人に依頼し、仕事を並行に動かすことができれば、時間

を短縮できることになります。

　あるいは、短縮できなくても、他の人に仕事をお願いしている時間に、あなたは別の仕事ができるわけです。つまり生産性が上がるのです。

他人へ仕事を依頼する際のコツ

　では、もう一度、具体的な手順を振り返ってみることにしましょう。
　仕事をステップに分解します。そして「Ａ　あなたがやる仕事」と「Ｂ　他の人、他の会社に依頼できる仕事」に分解します。その上で、ステップ間の因果関係を整理し、並行してステップが進むように依頼方法、タイミングに工夫をします。全体の流れを考えた上で、スケジューリングができれば、大幅に時間短縮が可能になります。あるいは、あなたの時間が空くのです。
　理屈も実作業も単純です。ですので、意識さえしておけば簡単に生産性を向上させることができます。ただ、私自身がそうだったので、よく分かるのですが、他人への仕事の依頼に関しては上手な人と信じられないくらい下手な人の両極端がいます。
　私自身は、今でも人への依頼方法が、決して上手ではないのですが、入社直後の数年は、悲惨のひとことでした。入社3年目に関西営業部から神奈川営業部に異動になったときのことです。仕事の依頼の仕方が横柄なことが原因で、庶務や営業アシスタントから「中尾さんとの仕事は嫌だ」と、上司に直訴されたのです。
　当時の上司は、仕事に厳しい人で、私からしてみれば、その上司の仕事ぶりを真似したつもりだったのですが……。そのような言い訳をすればするほど、火に油を注ぐだけでした。
　しかも、そんなことをしても私の問題は何も解決しません。
　自分自身でも、この状況はまずいと感じていたので、私とは違い「あの人と仕事をやりたい＝仕事の依頼の仕方が上手」だと言われている先輩の依頼方法を詳細に分析してみました。

私と先輩の違いは2つありました。1つは、仕事の頼み方。もう1つは、仕事が終了した後の、結果あるいは成果の共有の有無でした。
　つまり、その先輩の仕事の依頼の仕方は、仕事を依頼する相手の仕事の混み具合を配慮した上で、具体的な作業だけではなく、その作業の背景や意義、目的を伝えていたのです。私はといえば、「仕事なのだから当然」という態度で、しかも相手の事情など考慮せずに依頼していました。さらにその先輩は、協力してくれた関係者に仕事の結果を共有をしていたのです。もちろん当時の私にはできていませんでした。
　この2点ができるかどうかで、あなたの協力者は大幅に増減します。

「あの人に頼まれると気持ちよく仕事ができる」
「同じ仕事をあの人に頼まれるとなぜかがんばりたくない」

　人間は感情の生き物ですから、頼んだ相手がどのような気持ちを持つのかをコントロールすることはできません。社内外に協力者を増やすことができればあなたの仕事の成果は飛躍的に向上します。
　ROI的に説明すると、自分のIを小さくするということです。さらに適切な人に依頼できればRも大きくできるはずです。

Business Skill 6 ToDoリストを活用する

「仕事の処理スピードの把握」がポイント

　Business Skill 1で説明した仕事の優先順位をつけた一覧表（17ページ参照）のことを、ToDo（やること）リストと呼びます。このリストに少し工夫を加えることで、仕事の生産性を向上させる方法を紹介します。

①やるべき仕事のリストアップをする（ToDoリストの作成）。
②優先順位を決める（優先順位の決め方は18ページを参照）。
③仕事のヌケ・モレがないか全体を俯瞰する。
④やらない仕事を決める。

　これが生産性を上げるために有効なリストアップのやり方です。その際に少し工夫を加えます。決して難しい話ではありません。
　次の2つの追加作業をするのです。

⑤リストの各項目に対して、事前に想定所要時間を記入する。
⑥仕事の終了後に、実際にかかった時間を記入する。

　⑤に関しては「いつまでにやる」という風に、一般的には「納期」を記入している場合が多いのですが、「納期」に加えて「想定所要時間」を加えます。「想定所要時間」は、一般的には想定「工数」といいます。
　何のために、この2つの作業を追加するのでしょうか。
　目的は、あなたの「仕事処理スピードを把握すること」です。
　このToDoリストを作成し続けていくことで、ある仕事をするのに、どれくらいの時間が必要なのか見積もることができるデータベースが作成できるのです。
　このような簡単な2つの作業を加えるだけで、自分の時間あたりの仕

事処理量（＝生産性）が把握できるようになります。

仕事全体の処理スピードを見積もる方法

　自分の仕事処理スピードを把握し続けることに、どのようなメリットがあるのでしょうか。

　まず、1つには、同じような仕事をする際に「処理スピード」が速くなったという成長感を持つことができます。どのようなことでも人は成長感を持てることで、仕事への意欲が湧いてきます。これは意外と重要です。

　もう1つは、比較的長期間で行うような仕事や、Business Skill 5（28ページ）で紹介した「他の人に仕事を依頼する」ケースで、正確な計画を立てることができるようになります。

　つまり、**あなたの仕事処理スピードを基準に、仕事を頼む相手のスピードを見積もることができるのです。**例えば、「○○の仕事は、この量なので、私がやるとおおよそ10時間かかる。この仕事を依頼するAさんは、この仕事は初めてなので、危険率を50％加えて15時間見込んでおこう」となるわけです。

　さらに、「Aさんとの仕事は初めてなので、1日目が終了した段階で進捗状況を確認して、必要に応じて、スケジュールや依頼している仕事の量を再調整しよう」ということができるようになります。

　結果、仕事の全体納期を正確に見積もり、管理する能力が高まります。これはプロジェクト管理の基本です。あなたが、プロジェクトを任された場合には、この情報が大いに役立ちます。しかも、Aさんに依頼した仕事は、見積もりと実績のデータも残ります。これを参考にさらに正確な納期を見積もることができるようになるのです。

　ビジネスにおいては、納期を守らないと、その仕事の価値自体がなくなってしまうケースが少なくありません。夏炉冬扇では意味がなくなるのです。例えば、重要な顧客のプレゼンテーションの日時を過ぎてから素晴らしい企画を考案できても、後の祭りになってしまうのです。

それを防ぐためにも、自分自身の仕事処理スピードを把握しておいて、他の人と協働する場合にも正確な計画を立案できるようになると、あなたの生産性は向上します。

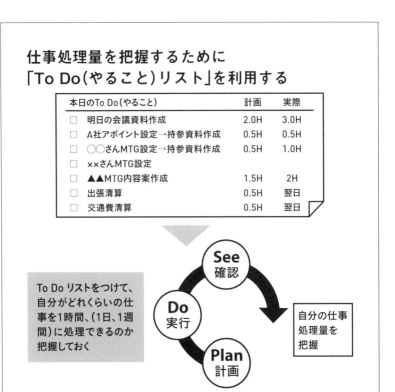

Business Skill 7 その仕事を他に転用できないかを考える

ROIの分子を増やして生産性を上げる

今までは生産性を向上させる方法として、「時間を有効に使う」方法を見てきました。ここでは少し見方を変えて「仕事を他に転用する」ことで生産性を向上させる方法を考えてみます。

仕事の生産性は**「成果（物）÷かかった時間」**という式で表現することができます。いわゆるROI（Return On Investment：投資対効果）です。ここでいう投資とは時間やお金のことを指します。この生産性を表しているROIは分数として表現されていますので、生産性を向上させる（＝分数の値を大きくする）ためには次の3つの方法があります。

① **分母にあたる「かかった時間」を小さくする**
② **分子にあたる成果（物）を大きくする**
③ **①②とも行う**

つまり、少し乱暴に言うと、成果（物）を大きくすることができれば、少しくらい時間がかかってもROIは大きくなるということです。

分子を大きくしてROIを簡単に高める方法

例を使って説明しましょう。

ある顧客から「○○についての現状」を調べて欲しいと言われました。見積もるとおおよそ1時間程度の仕事です。1時間かけて、依頼された顧客に資料を提出します。顧客は内容も適切であり、時間も速くて喜んでくれました。これで一件落着となるのがよくある仕事風景ではないでしょうか。

その際に、このROIの式を思い出して、次のように考えてみてください。**「この資料を少し加工して提供すると喜んでくれる他の顧客はい**

ないだろうか」と。

　例えば、あと30分かけて資料を加工することができれば、資料作成の依頼をしてきた会社を含んで3社に資料提供ができるとします。すると生産性はどのようになるでしょうか。

　当初の生産性は1社の資料に1時間かかったので、**1社÷1時間＝1社／時間**となります。3社に提供した場合の分子は3となり、分母は30分増加するので、**3社÷（1時間＋30分）＝2社／時間**となります。すると、当初の生産性1に対して、1時間に加工時間の30分を加えても、分子が3になっているので、**ROI＝2**と当初の2倍になるのです。しかも、当初の1社以外の2社に対しては、「貴社が、このような資料が必要ではないかと思い作成してみました」と資料を提供できるわけです。

　これが案外重要なのです。顧客から見ると「いつも当社のことを考えてくれている企業（あるいは営業）だ」とあなた（の会社）の評価も向上するわけです。結果として取引増加のきっかけになったりします。

　私は営業職時代に、よくこのROIを意識して仕事をしていました。例えば、横浜市の中区にある従業員3000名規模の日立関連のソフト会社（私の担当エリアは横浜市で、市内には多数の日立関連企業がありました）から資料作成の依頼がきたとします。

　その際には、4種類の切り口で資料を他に転用できないかを意識していました。4種類とは、**担当顧客の「規模」「地域」「業種」「関連」**です。このケースでは、私の担当企業で、「同規模の従業員3000名前後で、この資料を必要とする企業はないか」と考えるわけです。

　私は当時、人材採用の手伝いをしていました。企業の人材についての悩みは、同業種や同規模であれば、同種であるケースが多かったのです。同様に「同じ横浜市中区に本社がある企業でこの資料を必要とする企業はないか」と考えるのです。企業規模がもう少し小さい、工業団地などにある企業では、同地域で同課題のケースがあり、転用可能な場合が多かったのです。同様に、「同じ業種である、ソフト会社や、他の電機メーカーの関連会社で、転用できないか」と考えるのです。

　私は、当時50〜100社弱の法人企業を担当していましたが、このよう

に他に転用できないかと考えると、だいたい1つの資料を5社以上に提供できるケースがほとんどでした。

このような仕事の進め方を継続すると、長期的に担当企業との取引関係によい影響を及ぼすのです。私自身も、これによって取引の拡大と安定的な取引継続ができました。

このように、**あなたが何か行動を起こそうとする場合に「他に転用ができないかを常に考える」習慣を持っておくことができれば、生産性向上にとても有効です。**あなたが社外の顧客と接する仕事（営業・販促・商品開発など）であれば、私のようにいくつかの軸で、顧客をグルーピングしておくと便利でしょう。

ぜひ取り組んでみることをお勧めします。

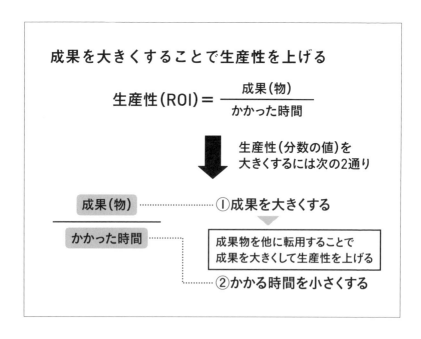

Business 8 Skill / QCDを確認する

納期とコストとアウトプットの理想形

　次は、生産性を向上させる際に案外忘れがちな重要なポイントを説明します。それは**仕事のゴールを発注者とすり合わせておくこと**です。先ほど、生産性は「成果÷時間」という話をしました。そもそも成果は次の3つによって定義されます。

① Q＝Quality（品質：スコープと品質あるいはアウトプットの形）
② C＝Cost（コスト：資源「人・モノ・金」）
③ D＝Delivery（納期：時間）

　つまり、この3つに関して、事前に発注者とすり合わせておくことが必要なのです。例えば、Q（品質）が最優先の仕事に対して、Cのコスト削減の結果、仕事の依頼者の求めているQ（品質）を満たしていないとすると、依頼者は満足しません。
　あるいは、D（納期）優先の仕事で、例えば、重要な会議に使用するプレゼンテーション資料について、独り善がりでQを過度に求め、あるいはCのコスト削減が行きすぎて、結果としてD（納期）を遵守できず、中途半端な状態で会議に臨んでしまったとしたらどうでしょう。
　発注者は決して満足しないはずです。
　ところが往々にしてこのようなことが起きているのです。**その原因は、そもそも、仕事を始める前に、このQCDの優先順位を発注者に確認していないからです。**
　私もかつてプロジェクトマネジメント研修の講師からこの話をされて「そんなことはないでしょう」と反論してしまいました。私自身はできているつもりだったからです。
　しかし、講師の方から次のようなケースを紹介されたのです。
　みなさんも自分自身にあてはまるかどうかを考えてみてください。

D＝納期を確認し忘れた悲劇

　水曜日の午後にAさんは、大手取引顧客のBさんから「○○に関しての資料をなるべく早く作成して、提出して欲しい」という依頼を受けました。そこで、Aさんは他の仕事を放置して、この仕事に取り組み、完璧な資料を2日後の金曜日の午後に提出しました。

　ところが、顧客のBさんはあまり喜んでくれませんでした。

　Aさんには、Bさんが喜んでくれない理由がわかりません。Bさんが顧客ではなく、上司である場合もあります。このような経験をしたことがないでしょうか。

　どこに問題があったのでしょうか。

　実はBさんは、金曜日の午前中の会議でAさんに依頼した資料を使用しようと考えていたのです。木曜日になってもAさんから連絡がなかったので、Bさんは自分自身で別の資料を作成し、会議に臨んだのでした。Aさんが資料を提出した金曜日の午後では、すでに会議は終了しており、せっかくの資料を会議で使うことができなかったのでした。

　つまりAさんはBさんから仕事を依頼された際に、D（納期）を確認しなかったのです。だから、このような悲劇が起こったのです。依頼を受けた際に、Aさんが納期を確認していれば、納期を優先する代わりに、Q（品質）の優先順位を下げる。あるいは専門家に外注するコスト負担をBさんにお願いする提案などができたかもしれません。

　自分自身を振り返っても、以前は顧客や上司に納期を確認しないことがありました。リクルートの上司に納期を確認すると「あなた自身はいつまでにできると思っているの？」と、いわゆるブーメラン法で応酬されることがありました。聞くと、結局、やぶへびになってしまうことが多かったのです。ですから、あえて納期を上司に確認せず、できあがってから報告するということをしていたことがありました。

　そうすると、ついつい納期管理が甘くなり、全体のスケジュールが遅れがちになるのです。そしてスケジュールが遅れると、さらにQ（品

質）の高いものを提出しなくてはという妙なプレッシャーがかかり、さらに納期が遅れてしまうバッドサイクル（悪循環）になってしまうのです。

　仕事をする際に発注者にQCDを必ず確認する習慣をつけてください。「どれくらいの品質」のものを「いくらかけて」「いつまで」に作るのか。そしてQCDの中で重要度が高いのはどのような順かを確認するのです。

　これができれば、あなたの仕事の生産性は大幅に向上します。

Business Skill 9 / TTPSを活用する

徹底的にパクッて進化させる

　私がリクルート時代に担当していた事業運営から学んだ話です。この事業は全国に店舗を構えています。そして、顧客がどの店に来店されても、あるいは誰が接客担当になっても一定水準以上のサービスを提供したいと考えていました。

　全国一律のサービス、標準化。口で言うのは簡単ですが、実現するのは難しいものです。常に進化させながら、全国で一定水準以上のサービスを実現するには、コツが必要なのです。そのコツとは、ある地域の接客担当が開発した満足度の高いツールや接客方法を、他の地域や店の接客担当が学び、実践する仕組み作りです。

　以前流行った言葉で言うと「ナレッジマネジメント」の仕組みです。
このナレッジマネジメントを実現するためのコンセプトがTTPです。ナレッジマネジメントとは、他者、それもハイパフォーマー（好業績者）の行動から学ぶという意味です。
「学ぶ」という言葉は、もともと「真似をする→真似ぶ」からできたと言われています。つまり、「学ぶ」とは、ハイパフォーマーの「真似」をするということなのです。

　ところが、実際のビジネスの場面で、このハイパフォーマーの真似をしなさいと言うと、言われた人は知らず知らずのうちに拒否反応を示します。その拒否反応の理由は、自分は他の人とは違う、個性的でありたいということだったり、指示されたハイパフォーマーではなく、自分自身の周りにいる聞きやすい身近な人から、簡単に真似できることだけを学ぼうとすることなどです。

　そこで、登場するのがTTPです。

　私のいた組織は、言葉遊びが好きで、言葉やフレーズを略するのが大好きな集団でした。**「初心者や若手は、先輩やハイパフォーマーの仕事をTTPしなさい！」**というように使います。そして、しばらくすると

「そろそろTTPSをしてみなさい！」とアドバイスを受けます。

TTP＝「徹底的にパクる」
TTPS＝「徹底的にパクって進化させる」

　言葉にして開くと、真似をするどころか、「パクる」ですから、もっと下品ですね。ただ、「TTPする」「TTPSする」と表現すると、なんだか語感や音がかわいくないでしょうか？　若手メンバーにとって、日報を書くとき、日常でコミュニケーションするとき、語感もいいし、略語なので簡単に使えるのです。つまり、心理的な拒否反応が一気に減るのです。

TTPをうまく回すための仕組み作り

　ちなみに、**TTPでは「徹底的」という部分が重要です**。単に「真似しやすい部分だけ」をパクるのではなく、ハイパフォーマーのやり方を「徹底的」に真似するというのがTTPなのです。
　スポーツであればハイパフォーマーのやり方を真似することは称賛されます。ところが、仕事の場面では、基礎を「真似る」重要性が軽視されているケースが散見されます。
　そこで私が担当していた組織では、少し工夫をしました。このTTP、TTPSという言葉を使った上、具体的には、全国のハイパフォーマーの仕事を認定し、その仕事をTTPすることを称賛したのです。
　さらに、TTPしたメンバーから、具体的に「〇〇さんの仕事をTTPしてお客様に喜んでいただけました」というフィードバックの仕組みも作りました。すると、ノウハウを提供したTTP元へのリスペクトも表現できます。SNSの「いいね！」のようなものですね。
　講演会などで当時の仕組みを披露することがあるのですが、このTTPやTTPSは、その後色々な組織で使ってもらえているようです。

> Business
> **10**
> Skill

会議の生産性を劇的に高める

「事前審議」の導入で会議が変わる

　会議の生産性を高めることについては、様々な本やノウハウが巷にあります。

　基本的なポイントとして**「単位時間を1時間から30分や15分にする」「参加者を絞る」**などがあります。時間や参加者を減らすことでROIのIを小さくする効果が見込まれます。

　次のポイントとしては、**「アジェンダを作る」「タイムテーブルを作る」「議題を分類する（例えば『決議』『議論』『報告』『発散』に分ける）」**などがあります。さらに、これらを資料とともに事前に会議参加者と共有しておくことは、とても有効です。

　あるいは資料そのものを改良することも有効です。例えば、できるだけ枚数を減らす。あるいは**「サマリーシート」**を作ることで参加者の資料への理解の時間を減らすことができます。会議の参加者が、会議前に議題の種別を理解し、資料を一読しておけば、会議は効率的に運営できます。なぜならば、会議時間の中で一番時間がかかる「資料の説明」と「内容の理解」の時間を減少させ、より重要な「意見交換」「議論」にシフトできるからです。

　これらを実行するだけでもROIのIを小さくする効果が見込まれます。

「事前審議」の導入で会議はいかに変化するか？

　さらに、レベルアップさせる方法もあります。

　各議題に対しての「意見」「質問」「賛成・反対」などを参加者が事前に態度表明しておくと、さらに会議当日のROIが高まります。この仕組みを「事前審議」といいます。

　事前に参加者の意見が分かるので、起案者は事前に参加者の「意見」

「質問」に対しての準備ができます。全員が「賛成」の議題は確認だけ行えば済むようになります。ここまでくれば大幅に生産性が高くなります。

私は過去15年くらい、配下の組織で、ずっとこの事前審議の仕組みを導入していました。リクルートのいくつかの組織はTTPしてくれていました。

リクルートだけで成立するのかどうかを実証するために、Fringe81社の松島COOが議長をしている同社のボード会議にも導入してみました。ツールはOneteam社の佐々木CEOに協力いただき、同社のソフトウェアOneteamに「事前審議」の仕組みを追加開発してもらいました。事前審議に加えOneteamというツールを導入した結果、会議のROIは抜群でした。

Oneteamというアプリを活用したので、誰がいつ事前審議をしたのかが分かります。当日の会議で意見を変えた人(ある意味ディスカッションで態度変容できる柔軟な人)も分かるように運用設計してもらいました。意見の量や、賛成・反対の割合も明確に分かります。結果、誰と誰の意見が類似しているのか、誰が積極的に議論を引っ張っているのかが見える化できました。

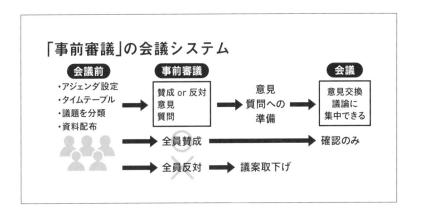

事前審議のシステムで次世代幹部の選定が可能となる

　驚くことに、会議のこれらのデータを参考に次の幹部選定ができるようになりました。つまり、会議の前後の活動ログを分析することで、次の幹部人材の選定までできたのです。
　これはROIのRが信じられないくらい高い結果だと思います。
　日本企業は、従来から新卒採用した人材に対して長期間の選抜を行い、幹部選定してきました。様々な場面の行動や成果をもとに幹部を選別してきたわけです。
　ところが、グローバル化が進み、海外企業のM&Aなども進んでいます。日本市場の売上が大きく、その伸びが大きい間は、従来の方法で選抜すればよいでしょう。しかし、海外の方がより重要なエリアになったときには、日本人だけが幹部である必然性は下がっていきます。その際に、新たな選抜方法が必要なのです。
　会議での状況を見える化することで、幹部選抜ができる可能性があるというのは、とてもユニークな情報だと思います。次世代の幹部を選ぶ情報が得られるとするならば、ROIのRはとても高くなりますね。
　Fringe81社との会議改革は以下のWeb記事に詳細を掲載しています。ご興味あればご覧ください。

【実録】会社を変えた会議改革とは
　──いい会議は経営幹部人材と実行力を育てる
　http://www.businessinsider.jp/post-164223

Business 11 Skill / コミュニケーション手段の変化に対応する

技術の進歩に対応するのも重要なビジネススキル

　ここ数年で企業内外のコミュニケーション手段は大きく変化しました。

　企業がメールを使い始めた当初、メールをした後に電話でフォローするなどという、今から考えると笑い話のようなローカルルールを従業員に求める企業や上司もいました。

　あるいは、ある営業部長はノートパソコンを開いたことがないのを武勇伝として豪語していました。つまり、「開かないPC」とは、メールで連絡するのではなく、電話もしくは直接説明しに来いというシンボルでした。

　ある事業部長にメールを送る際には、必ず秘書をCCしておかないと伝わらないという事例もありました。秘書が必要なメールを取捨選択して、それを毎朝プリントアウトして手渡しているという話でした。

　メールの即時性をまったく無視した運用方法ですね。

会長からのメールでの指示がニュースになる経団連

　こんな昔話を思い出しながらこの文章を書いていた2018年10月に衝撃的な記事を読みました。**「経団連の会長が執務室にパソコンを入れて、部下にメールで指示をした」**という記事です。

　一見して、なぜ新聞に取り上げられるのか分かりません。なぜこのことがわざわざ記事になっていたかというと、経団連の職員にとって組織のトップからメールで指示が来るなんてことは、かつてなかったというのです。「我々も紙文化から変えていかないといけない」という抱負が載っていたのです。

　衝撃的ですよね。

　経団連の会長は電機メーカー出身ですから、メーカー時代もメールで

指示していたことは想像にかたくありません。ところが、経団連はいまだに紙文化だったというのです。びっくりです。

経営者自ら顧客のクレームメールに目を通したジェフ・ベゾス

一方でメールを活用しているイケてる事例も1つ紹介しましょう。

アマゾンの創業者の**ジェフ・ベゾス**です。**ベゾスは創業当時からしばらく自分自身でコールセンターのクレームメールの窓口になっていた**そうです。

その内容を読んで、そのクレームに回答できる関係部署のトップに「要対応」とだけ書いて転送していたそうです。関連部署のトップにとってはベゾスからの直接の指示です。最速で対応せざるを得ません。

結果、クレーム処理が最速になっていき、顧客満足度の高いサービスを磨き続けることができたそうです。

素晴らしい仕組みですね。ちなみに、アマゾンのように驚異的な成長を遂げた会社の創業者には、ベゾス同様に自らカスタマー対応をしていた人物が多いようです。この「お客のクレーム」にこそ、顧客のニーズやビジネスのヒントがたくさん眠っていたのです。

もはや電話は時代遅れの連絡ツール?

メールがコミュニケーションの中心になる前は、電話や訪問がコミュニケーションの中心でした。ところが、**現在、電話はコミュニケーションの手段の中心から急速に脱落しています。それどころか、電話をしてくる人は、旧人類のように扱われているケースも散見されます。**

実際IT系のスタートアップ界隈では、「電話をしてくる人は、相手の時間を奪う人であり、そのような生産性の低い人とは仕事をしたくない」という話も出てきています。そしてそれに賛同する人たちがどんどん増えています。

かかってくる側から考えると、電話はとても迷惑なコミュニケーショ

ン手段です。相手は用事があるのですが、こちらの事情は忖度してくれません。本当に迷惑なのです。同じ営業のコミュニケーション手段でもメールの方がましです。それは、自分のタイミングで読むことができるからです。

即時性と多様性を増すコミュニケーションツールの進化

そんな便利なメールでさえ、コミュニケーションの中心から脱落しそうです。

メールを書くには、件名、メール本文の冒頭の定型文が必要で、それらもコミュニケーションには不要だということです。もっと率直でスピーディでダイレクトなコミュニケーションが求められているのです。

そこでSlackやMessengerなどのアプリがコミュニケーション手段の主役になりつつあります。私自身、転職して驚いたのは、社内のコミュニケーションをすべてSlackで行っていることでした。

システム開発をしますので、技術者はJIRAでタスク管理し、Confluenceでドキュメント管理しています。しかし、全社のコミュニケーション基盤はSlackなのです。それも特定グループでのダイレクトコミュニケーションは禁止なのです。すべてオープンなチャンネルでコミュニケーションをするという徹底ぶりでした。

結果、膨大な情報が流れるのですが、すべての情報が従業員にオープンになっているため、きわめて透明性の高いコミュニケーションを実現していました。

社外のコミュニケーションはメールなのですが、その仕組みもユニークです。メンバーが社外とやりとりしている内容は、すべて上司にも転送される設計になっています。

一見コミュニケーションが複雑になりそうに思えるのですが、顧客とのやりとりが担当者にしかわからないと、商談機会の損失にもなり得ます。ROIのIは少し増えるのですが、結果、Rを高めることに寄与していました。

また、同社では、固定電話はなく、すべての電話はコールセンターで一時受けしています。その結果、従業員が業務を中断して電話を受けることでの生産性低下を防いでいました。

　さらにコールセンターへの電話はすべてメールで内容が自動転送されてきます。従業員の都合のよいタイミングで対応が可能となっています。もちろん障害やトラブル対応のフローは別にあり、対応を分けることで、即時性が高い対応の遅延を防いでいます。

　コミュニケーションの手法の変化は、年々速度を増しています。ツール選定時には、できる限り、グローバルでも使えるもの、クラウドで使えるものを選ぶのをお勧めします。

　これによりROIのRが高まり、Iを下げることが可能です。

Business Skill 12 「ウォーターフォール」か「アジャイル」か考える

ウォーターフォール型が大半である日本的事情

　今度は少し毛色を変えてシステム開発の話です。
　システムの開発手法には**ウォーターフォール型**と**アジャイル型**の2種類があります。どちらの方が生産性が高いでしょうか。
　これが実は、とても難しい質問なのです。

「ウォーターフォール」と「アジャイル」の違い

　ウォーターフォールは、1970年ごろに開発された手法です。基本的には、「**要求定義→設計→プログラミング→テスト→リリース→運用・保守**」といったステップで開発を進めていきます。つまり、前工程が完了してから次の工程に進みます。直感的に理解しやすいステップです。そして、順調に進めば効率よくプロジェクトを完遂させられます。
　一方の**アジャイル**は、2000年ごろに始まった開発手法で、ウォーターフォールよりも新しい手法です。**2週間程度を1つのスプリント（期間）として、スプリントでできる量の開発とテストを進めていきます。**一気に計画を立てず、スプリントごとに動くソフトウェアをプロジェクトオーナーに見せてフィードバックを求めます。
　そのため開発の初期段階に、プロジェクトオーナーにひと通り動作するシステムを見せられるように開発します。早い段階でのテストとオーナーからのフィードバックをもらうことで、大きな手戻りを防ぎ、開発コストの削減を目指します。アジャイルでは、変化や不確実性を前提に柔軟に開発を進めるわけです。
　一方のウォーターフォールでは、開発終盤まで発注者は実際に動くソフトウェアを見ることができません。そのため、完成した後になって発注者が欲しいものではないことが発覚するといった悲劇が起きることがあります。そのような悲劇が起きると、当然のことながら大きな手戻り

が発生し、プロジェクトが遅延します。

　また、ウォーターフォールでは、テストは開発終盤にまとめて行われます。つまり、前工程での不具合を抱えたまま開発が進められるともいえます。結果、溜まった不具合がテストで噴出し、その対応が膨大になり、リリースにこぎつけるのに時間を要し、プロジェクトが遅延するリスクがあります。

　実際の場面でも、発注者が最初の要件定義で要件を確定できず、要件確定後でも、仕様変更が出てきます。あるいは、さらに設計時以降も仕様変更が次々に起こることが少なくありません。これらが、手戻りを発生させ、結果、プロジェクトが遅延します。

　本来はステップごとに確認をしながら進めるので、手戻りが起きにくいはずなのですが、実際は手戻りが起きて、プロジェクトが遅延することもあります。

　であれば、アジャイル開発を選べばよいという話になります。実際、世界ではアジャイルが主流になっています。

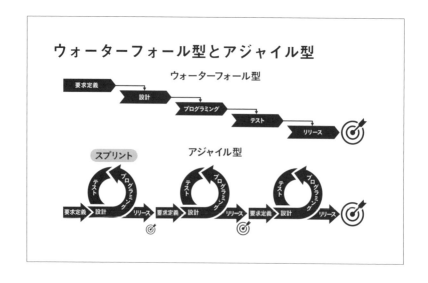

日本でアジャイル型が主流でない理由

　ところが日本では、話が簡単ではないのです。
　それは日本のシステム開発の特殊性にあります。海外では、システム開発は自社のエンジニアが開発します。しかし、日本の大手企業は自社開発ではなく、外注するのが主流です。SIer（エスアイヤー）と呼ぶシステム開発会社に外注する傾向が強いのです。
　SIerが全体の計画を立案し、前述したステップごとに必要な工数を見積もり、人員単価を掛け算することで見積もりを行います。大規模開発になると、元請けのSIer1社だけでは人が調達できないので、さらに関連会社や協力会社といった下請けのシステム会社の人員を動員してシステム開発を行います。その際に、ステップごとに必要な人員が分かるウォーターフォールは、人員調達上とても便利なのです。
　結果、日本のシステムエンジニアは、ウォーターフォール開発に精通した人たちが大半です。つまり、自社開発の企業はアジャイルを導入しやすいのですが、外注していると難しいのです。
　少し極端に書きましたが、ウォーターフォールは本来、ゴールを明確にでき、そこに向かって最速で開発できるはずなので、理論上は効率的な開発手法です。一方、アジャイルは2週間ごとのスプリントで修正が入るので、本来は非効率な方法なのです。ですので、論理的に考えるとウォーターフォールの生産性が高いはずなのですが、実際はそうならないのは前述の通りです。
　ウォーターフォールには弱点こそありますが、長年の実績もあり、慣れ親しんだエンジニアも多数いて、プロジェクトによっては悪い選択肢ではありません。しかし、近年の将来予測が困難な時代には、アジャイル開発の方が適していることが多く、スプリントごとに修正することができ、開発コストを削減できる場合も多いのです。
　プロジェクトの特性を考え、どの開発手法が最適なのか検討することをお勧めします。

Business 13 Skill / 在宅勤務（テレワーク）の活用を考える

場所に縛られない働き方で「職場」のROIを高める

　私は、ここ10年強（リクルートワークス研究所時代の2年間を除き）、大量採用している組織のリーダーを担当していました。

　毎月、新しいメンバーが仲間に加わってくるわけです。人間関係がまだできていない中、在宅勤務（テレワーク）をどのように活用すべきか、葛藤しながらマネジメントをしていました。

　その一方で、2年間はリクルートワークス研究所で事業開発職と研究職でした。職種の特性として個人ワークや組織外の方とのミーティングの時間が大半でした。

　極端な話、毎日在宅勤務でもOKという働き方を選択できたのです。テレビ会議システムを活用すると、社内のメンバーとリアルにミーティングする必然性も下がります。当時の会社のCEOからも1か月会社に来ないで仕事をしてもよいというお墨つきまでいただいていました。

　結果、自宅で仕事をする日々を続けていました。

　通勤時間はありません。上司や同僚から、急に声を掛けられて、自分の仕事を遮られることもありません。きわめて高い生産性で仕事ができました。大きな課題は感じませんでした。

　ところが、出不精になってしまっているのと、仲のよいメンバーとの接点が減って、少し寂しさを感じる瞬間がありました。私自身、その組織メンバーと長い間一緒に仕事をしてきた経験があるので、人間関係ができていました。それでも寂しく感じる瞬間があったのです。

　これは私だけの特殊な話なのでしょうか。

　そこで、在宅勤務の先進国であるフランスについて調べているリクルートワークス研究所の記事を読んでみました。

在宅勤務の先進国フランスの事情

　フランスの企業が在宅勤務を始めたきっかけの1つは、2008年の金融危機でした。企業は経費節約のため、都市にあった事務所の一部を家賃の安い郊外へ移転しました。通勤の負担が増えた従業員への対応策として在宅勤務の導入をしたのです。

　さらに地方自治体が在宅勤務を地方活性策として推進したことも、制度を促進する大きな力となりました。

　そして、翌年の2009年にはインフルエンザが蔓延し、緊急対策として在宅勤務制度を許可したことが本格導入の一歩となった企業も多いようです。

　さらに2012年には在宅勤務に関して労働法典改正で、ITを活用した新しい働き方の法的枠組みが整備されました。

　2016年には大気汚染問題が発生し、外出を最小限にとどめる必要性が発生し、政府が都市部への車の流入を車のナンバープレートの末尾で制限したため、自動車通勤の従業員に影響が生じました。結果、企業は在宅勤務を認めざるを得なくなったという背景もあるようです。

　さらにマクロン政権になり、在宅勤務を大きく促進したことも大きいようです。在宅勤務により約100億ユーロの経費削減が可能で、これはフランスのGDPの0.5％にあたる数字だと発表したのです。

　そして2018年1月の労働法典改正で、在宅勤務で働くことが従業員の権利として位置づけられました。 つまり、雇用主側が在宅勤務を拒否する場合は、その理由を示すことが義務づけられるようになったのです。

　余談ですが、2017年1月には**「つながらない権利」**も認められました。就業時間中の会社や顧客からのメール対応を拒否できるようになり、在宅勤務での見えない時間外勤務が起きない整備も行われました。これは、従業員がインターネット接続を切る権利や、ストレスを検知するシステムの導入で具現化されています。

　さらに各鉄道駅での在宅勤務場所の整備が拍車をかけました。種類も

多様です。静かな環境で業務を行えるところや、職種別に情報交換ができるところなど様々な特徴があります。

　これについては、日本でもかなり進んできましたね。

　まとめると、**在宅勤務先進国のフランスでも、当初、企業は仕方なく在宅勤務を始めたのです。**そこに政府や自治体が制度整備をし、民間企業も設備を充実させていったのです。

在宅勤務にはフリーアドレス制度が必須

　それでは、生産性はどうでしょうか。

　在宅勤務が生産性を高めるのかどうかについて興味深いデータもあります。結論からいうと現状は週に1～2日が効果的なのだそうです。

　週1日未満だと、在宅勤務体制を作る手間に対して効率が悪く、週2.5日を超えると、企業との接触感を失い、孤立化して生産性が低下するようです。

　これは私の寂しさの感覚と似ているかもしれません。

　また、企業が在宅勤務でオフィスの効率化を行うことを検討する場合、**フリーアドレス（社員固定の席を持たないオフィス形態）**の実施が欠かせません。在宅勤務をしている従業員の座席が固定であれば、在宅勤務している従業員の席が有効活用できません。結果、オフィスの有効活用はできないのです。

　まずはフリーアドレス、そして在宅勤務の順番で実施することでROIが高いオフィスができあがります。

参考記事：
村田 弘美（リクルートワークス研究所グローバルセンター長）
フランス人が「テレワークは週2日まで」と言う理由
https://gendai.ismedia.jp/articles/-/57780
「マネー現代」2018年11月1日掲載

第 2 章

最強のフレームワークを使って思考を磨く

Honing the Ability to
Think with the Best Framework

ビジネスのフレームワークを学ぶことで、ROIのIを小さくでき、Rも高めることができます。そして、これらのフレームワークを組織の共通言語にできると組織のIを小さくでき、さらにROIが高まります。

　ビジネスでは、様々な場面で、戦略、方針、戦術、兵站といった作戦を考え、そしてその作戦を周囲の人たちに伝えることが必要になります。気心の知れた相手であれば口頭でのコミュニケーションで済むこともあるかもしれません。

　しかし、伝える相手が複数、それも大勢であった場合、伝える内容が微妙なニュアンスを含んでいる場合、直接相手には伝えることができない場合、何度も同じ内容を伝えないといけない場合、記録に残しておきたい場合などには、情報を資料としてまとめておく必要があります。

　この章は次のような方に役立つと思います。

- ☑ 作戦（戦略・方針・戦術・兵站）などを考える仕事をしている人
- ☑ 自分の考えを資料にするのが苦手な人
- ☑ 資料をまとめるのに時間がかかる人
- ☑ 分かりやすい資料を作りたい人
- ☑ 資料を作るときに、何から手をつけてよいのか分からない人

　この章には、これらを解決するための11の原理原則（ヒント）が載っています。

⑭ TCMEの整合性
⑮ 数値化
⑯ ビジュアル化
⑰ モデル化
⑱ フレームワークの基本❶ロジックツリー
⑲ フレームワークの基本❷マーケティングミクス
⑳ フレームワークの基本❸顧客の3C
㉑ フレームワークの基本❹5F

㉒ フレームワークの基本❺ビジネスプロセス
㉓ フレームワークの基本❻登場人物と価値の交換
㉔ フレームワークの基本❼利益モデル

Business 14 Skill / TCMEの整合性

プレゼン力が劇的に向上する4つのチェックポイント

私は、人前で話す機会がよくあります。参加者が少ない場合は数人、通常は数十人から100人程度に対して、最大はAWSサミットの基調講演で3000人以上の前でプレゼンしたこともありました。先日も企業から依頼を受けて100人程度の前でKPIマネジメントについてプレゼンする機会がありました。

これらのプレゼン資料や文章を作成するときに、作成前と出来上がったときの2回必ずチェックするポイントがあります。

それが**「TCME」チェック**です。

TCMEは私のオリジナルの習慣です。

この習慣をプレゼンや文章作成が苦手な人に紹介すると、簡単に資料作成レベルがアップします。ここでは、簡単にプレゼン資料作成力をアップするTCMEチェックのポイントを紹介したいと思います。

TCMEはTarget・Contents・Media・Expressisonの4つの単語の頭文字です。TCMEは「Take Care of ME」つまり「ボクを覚えておいてね、仕事にきっと役立つよ」の意味を込めてこの順番にしています。

T　Target：ターゲット「誰に」
C　Contents：コンテンツ「何を」
M　Media：メディア「どのようなメディアを使って」
E　Expression：表現「どのように」

つまり今回のプレゼンで、「誰に、何を、どのようなメディアを使って、どのように伝えるのか？」の4ポイントを、資料作成前と後の2回チェックしましょうということです。

とても簡単です。プレゼンがうまい人、資料作りがうまい人は、意識、無意識にTCMEと同様のチェックをしています。

Tの設定
── 態度変容（アクション）してほしい人は誰か？

ポイントを説明していきましょう。

まず「T＝ターゲット」です。プレゼンの目的は、「ターゲットに期待するアクションをしてもらうこと」です。これを「態度変容」といいます。少し難しい表現ですが、具体的には、プレゼンを聞いたターゲットに「発注していただく」「承認してもらう」「ファンや仲間になってもらう」「アンケートによい回答をしてもらう」などが挙げられます。

まず「T＝ターゲット」のステップで、その「態度変容」をしてほしい人を明確にします。

プレゼンの対象者が多くても、本当に「態度変容」してもらいたい人は限られていることがほとんどです。そのターゲットを絞るほど、資料作成やプレゼンが作りやすくなります。

少なくとも社内の人なのか社外の方なのか、上司なのか同僚なのか、年長者なのか年少者なのか、既存顧客なのか新規顧客なのか、その案件を決済できる立場なのか担当者なのか、1人なのか複数なのか、社会人なのか学生なのか……ということをイメージ、あるいは把握することが重要です。

「こんなことくらい知ってる」と思うかもしれませんが、ターゲットを設定、確認せずに資料を作成する人が少なくありません。

可能であれば、もっと細部までイメージします。

例えば、学生向けのプレゼンテーションで、ターゲットを学生と設定しても、就職活動中の東京の有名私大の文系学生と、入学直後の地方の情報系の高専生では、興味関心が異なる可能性が高いのです。同じく経営者でも、ベンチャー企業の経営者と創業100年の老舗企業の経営者とではそれぞれ決済するポイントが違います。

すべては、態度変容してほしいターゲット設定から始まります。

C を練る —— 何を伝えたいのか？

2つめの「**C＝コンテンツ**」は、資料の目次のことを指す言葉ですが、「伝えたい中味」つまり「何を伝えたいのか」です。**これはターゲットに「態度変容」して欲しい内容から逆算して作成します。**

例えば、決裁者に商品購入の承認をしてほしいときは、商品購入のメリットに加えて、決裁者が不安に思っている懸念点への回答が必要になります。

しかし、だからといってコンテンツをいたずらに増やしては落第です。そのようなときに思い出してほしいのが、**エレベーターピッチ**です。

エレベーターピッチとは、ベンチャー企業の経営者が投資家と偶然エレベーターに乗り合わせた際に、投資家から「御社は何をされているのですか？」と質問をされたときの回答のことです。**十数秒の間に、投資家に自社の事業を説明し、投資家に投資を決めてもらうコンテンツを話せるのかどうかがポイントです。**

つまり投資を決めるという態度変容してもらうためのポイントを数行もしくは箇条書きで説明できる必要があるのです。「何が言いたいのか分からない資料」とは、ここが練れていないケースが大半です。

M の検討 —— ターゲットが親しんでいる方法を組み合わせる

3つめは「**M＝メディア**」。ターゲットに伝える方法のことです。

例えば、同じプレゼンツールを使う場合でも、自分がプレゼンするのか、リアルなプレゼンではなく資料だけ送付するのか、ターゲットの方はライブで見るのか、パソコンのモニターを通じて見るのか、スマホを通じて見るのかなどを考慮する必要があります。

ターゲットがよく使う、慣れ親しんでいる組み合わせで伝えることが重要です。

例えば紙メディアは徐々に廃れていますが、いまだに主婦にはチラシが有効だといわれています。一方、情報感度の高い人たちは、TEDなどの影響もあって、リーダーダイアログ方式、つまりパワーポイントなどの資料なしで口頭のみで説明することも好まれつつあります。今後は動画を用いた展開も考えなければいけないかもしれません。

最後のEでトドメを刺す
——ターゲットとの共通の言葉を見つける

最後の**「E＝表現」**も重要です。
ターゲットの人たちが慣れ親しんだ用語や言葉を使うことです。

　例えば、同じ決裁者でも技術がバックグラウンドの人と営業がバックグラウンドの人とでは、使う言葉が異なります。同じ理系学生でも、よく使う「単位」が人によって異なります。ピコ、ナノ、オングストローム、テラ……聞き慣れた言葉がそれぞれ異なるのです。

　ターゲットが聞き慣れた言葉を使うことが重要です。共通点を見つけると話を聞きたくなるのが人の常だからです。〇〇大学出身の人にその大学の名前やキャンパスの話をすると、興味を持ってくれます。地元話で盛り上がるのも、この共通点です。

　決裁者の年齢によっては、字の級数を大きくする必要もあります。私は現在50代半ばですが、数歳年上の先輩方の中には、字が見づらくなってきたという方々も出てきています。そこへの配慮も必要です。

　また、プレゼンする側は、決裁者に直接説明できる機会なので、つい詳細まで説明したくなりがちです。ところが、決裁者の立場で考えると、短くて決済ポイントが明確な資料が嬉しいのです。

　決裁者は日々、様々な案件を決済しなければいけません。「結論は何か」「私が判断しなければならないことは何か」、そして、その判断により「どんなリスクを考慮しておかなければならないのか」を知りたいのです。ところが往々にして資料には、これらの点が不明確で、それが理由で結論をもらえないことも多いのです。

私は、どのような資料を作る際でもこのTCME（Take Care of MEと覚えておいてください）の整合性を資料作成前後の2回確認します。この4つをチェックするだけで、資料のレベルがアップすること間違いなしです。

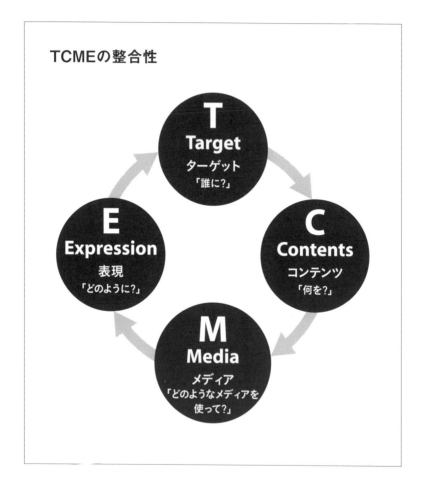

Business Skill 15 / 数値化

グローバル経済における共通言語としての「数字」

　リクルートワークス研究所で、ある調査グループの責任者をしているときに、大学時代の恩師が語った次の言葉を思い出しました。

「世の中には2種類のバカがいる。1つは、数字で何でも分かると思っているバカ。もう1つは、数字では何も分からないと思っているバカがいる。どちらのバカにもなってはいけない」

　ちょうど調査結果の解釈をしているときに、調査結果で明らかになっていることを無視して、従来の戦術をそのまま踏襲しようとする現場の上級管理職がいて、困ったなと思っていました。そんな折、ふと恩師の言葉が頭をよぎったのです。
　実際、ビジネスの場面では、すべて数字で判断できると思っている人がいる一方で、数字をほとんど参考せずに、KKKD（勘・気合・経験・度胸）だけで物事を判断する人もいます。

数字の事実に即さない判断を下しがちな日本企業の風土

　アメリカの大手人材系企業の日本法人社長と話をした際に、日本企業の特殊性を目の当たりにしたことがあります。

「日本の企業に採用関連データを出すと、欧米とは違う反応が多く、戸惑う。**日本の経営者は、データを見て、その内容には納得したと言うが、結論はそのデータとはまったく無関係に決まる**。これは欧米では考えにくいことだ。欧米では、データを見て、それに納得したのならば、それに即した結論を出す」

このようにその社長は漏らしました。

ある欧州車の日本法人の社長の判断はまさに、この欧米流でした。中古車情報誌の資料を確認し、その場でROIを推定して、すぐに掲載を決めたのです。誰にも相談しませんでした。従来は、中古車情報誌の営業担当と同社の担当者の人間関係が悪く、検討の俎上にも上らなかった案件でした。

中古車情報誌の掲載結果もROIの推定通りの成果でした。また、その後の同社の社内改革の成果も相まって、同社の成長は目を見張るものです。

どうやら欧米から見ると日本社会は、数字でものごとを判断しない不思議な社会のようです。

実際、そのような場面によく出くわします。上述のように、**「数字は数字、判断はそれとは別」**ということです。

みなさんの職場ではいかがでしょうか。

もしも、みなさんの職場が数字で判断しない風土であったとしても、私はみなさんに**「まずは数字で表せないかを検討する習慣をつける」**ことをお勧めします。

それには2つの理由があります。

1 グローバルスタンダードでは「数字が共通言語」

1つは、当たり前なのですが、日本以外で今後ビジネスをする機会が増えるからです。

例えば、リクルートは2010年ごろまで、大半のサービスを日本国内でのみ展開していました。大半の顧客企業は日本企業でした。つまりグローバルスタンダードとは無関係にビジネスを展開していたわけです。それでも日本国内の外資系の企業と仕事をする際には、特に本国のヘッドクォーター(グローバル本社)にリクルートの商品・サービスの優位性を説明する際には、数値中心の資料が必要になっていました。

その際には、様々な情報を数値で表すことが必要となりました。ほと

んと日本だけでビジネスをしている会社でも、外資系企業あるいは、外資と同じ考えの企業と付き合う可能性がどんどん増加してきていました。そういう意味でも、世界の常識である数字で表すことが重要になってきています。

　数字は万国共通ですから、数字を用いれば誰とでもコミュニケーションが可能です。その後、リクルートグループは積極的に海外展開を進めIndeed.comや多数のグローバル派遣会社を仲間に入れて、**現在では売上の半分を海外の売上が占めるまでになっています。**

　当然、コミュニケーションは数字がベースになっています。今後、海外との仕事が増える人も多くなってくるのではないでしょうか。

「数字」ほど説得力のあるツールはない

　もう1つの理由は、**数字で判断しない人が多いとしても、数字で説明することができれば、より説得力が増すということです。**特に、直接コミュニケーションできない相手に対しては、数字は説得力があります。

　私が、営業研修の導入を検討していたときのことです。ある会社の資料には「この研修を受講すれば、営業力がアップします」と書いてありました。もう一社の研修の資料には、**「この研修の受講者は、受講後、平均で営業成績が20％向上しています」**と書いてありました。

　私は眉唾かもしれないとは思いつつ、後者の「20％営業成績が上がる」と謳う研修会社に連絡を取りました。前者の研修会社にも声がけしましたが、数字での情報提供はしてもらえませんでした。

　後者の研修を利用した際に、実際20％売上が上がるのかどうか、研修と因果関係があるのかどうかは分かりません。一般的に研修には、優秀な人が選抜されているので、通常よりも研修効果が水増しされているかもしれません。

　ただし、何％売上が上がると提案する研修のROIは、その効果を計算することができます。例えば、20％売上が上がるとすると、研修費用と参加人数、平均売上などからROIが明確になります。

数値化できなければビジネスの成果は測定できない

　一方で数字で表現する話をすると、次のような反応が返ってくることがあります。「我々の提供している価値（あるいはサービス、やっていること）は数字（あるいは金額）では表現できない」と。
　実際、そういう場合もあるかもしれません。
　ただ、これこそが「数字では何もわからないと言っているバカ」の類(たぐい)だと思うのです。確かに数字に換算しにくい内容があるのは事実です。正確に表現すると、そもそも換算しにくいというよりも、**すべてのことを100%数字で表現することなど、ほとんどできません。**
　ただし、ある仮定のもと、あるいは、あるモデルを前提にすれば、数値で表すことができるというだけの話なのです。
　もし、私の仕事は数字で表すことはできないと考えていたならば、発想を変えてみてはいかがでしょうか。数字で表せないと思考を停止するのではなく、まず、数字で表すと決めてはどうでしょうか。そして、その次に、どの程度の「確からしさ」で数字に表すことができそうか考えてみるのです。
　つまり、できないという前提ではなく、ここまでは数値化できそうだという逆の発想で考えてみることをお勧めします。
　ビジネス社会では、ROIが重要です。もし、あなたのやることが数字で表現できないとすれば、ROIを測定することができません。つまり、成果を測定できないのです。
　私の感覚値で恐縮ですが、**モデル化ができれば、数値化は十分に可能であり、概要の7割くらいを把握できます。ビジネスの場面で7割の確からしさがあれば御の字です。十分判断できます。**
　まずは、伝えたいことを数値で表現できないか検討することをお勧めします。

Business Skill 16 / ビジュアル化

視覚要素でコミュニケーションを図る重要性

　私自身がアイデアを整理したり、人に伝えたりする際に意識していることがあります。それは、**「絵にしてみる」**ということです。
　これは先ほど紹介した「数値化」と発想の原点は同じです。
　頭を整理する際にビジュアル（図、絵、グラフなど）にすることができれば、その後の周囲とのコミュニケーションにとても便利です。

IKEAの組立て家具の説明図には文字がない

　みなさんは、IKEAの組立て家具を購入したことがありますか。
　その説明図には、説明の文字が1つもないのです。すべてイラストで説明されています。「困った場合にはIKEAに電話してほしい」ということもイラストなのです。これならば言語の違う世界各国で同じ説明書が使用可能です。
　そして、何よりもIKEAの家具は組み立てる人にとって簡単なのです。おそらく、文章での説明がなくても組み立てられるように設計するルールがあるのだと思います。
　このIKEAの事例からも分かるように、イラストなどでビジュアル化すると、初めてその話を聞く人でも理解がしやすくなります。例えば、この本も、このビジュアル化を意識して作っています。それぞれのTipsを説明する際に、できる限りそれを象徴するビジュアル（図・絵・グラフ・箇条書きの枠囲い）をセットにしています。
　これは、文字を理解する左脳とビジュアルを把握する右脳の両方を使用して、みなさんに内容を伝えたいと考えているからです。せっかくこの本を手にとってもらったわけです。1つでも多くの内容を参考にしてもらいたいと考えています。投資してくださった本の価格や読む時間（I）に対してのリターン（R）を少しでも大きくすることで、みなさん

にとってのROIを大きくしたいと考えているのです。

　この本から得られたことが1つでも増えれば、みなさんにとってROIは向上するわけです。

　少し例を見てみましょう。

　マーケティングの基礎フレームで3Cというものがあります。このフレームは、事業戦略を立案する際には、自社（Company）の状況だけではなく、顧客（Client）の状況と競合（Competitor）の状況も考慮しなければいけないという重要性を説明しています。その際のCompany、Client、Competitorの頭文字を取って3Cと呼びます。

　これでも内容は十分伝わります。しかし、それを図に表現するとどうでしょう。それぞれ3つの単語を円で表現することにします。そして3角形の頂点に配置します。さらに自社（Company）と競合（Competitor）の双方から顧客（Client）に対して→でつなぎます。両社が顧客に対して営業活動をしている状態を→で表現しているわけです。自社（Company）と競合（Competitor）は、顧客（Client）を取り合っているわけですから、両社の間は、両端に→がある線で結び、文字通り競合関係にあることを表現します。

　こうすれば、3Cという言葉や内容が分からない人にも、状況を伝えやすくなります。

コミュニケーションの初期段階には「ビジュアル」が有効

　例えば、企画書で、伝わりやすい表現方法は次の順番となります。

①ビジュアル（絵・図・表・グラフなど）
②キャッチコピー
③箇条書き
④文章

　ビジネスの取引の場面などでは、最終的には契約書などを交わすの

で、正確な文章が必要になります。しかし、コミュニケーションの初期段階では、ビジュアルが有効です。このことを意識しながら、企画書を作成するとよいでしょう。

ビジュアル(絵・図・表・グラフ)にする効用

3Cを文章で表現すると

我々がマーケティングを考える際には、自社のことだけではなく、顧客の状況や競合企業のことも合わせて考えなければならない。それぞれの英語表記の頭文字をとって、
3C(Company, Client, Competitor)と表現する。

3Cを箇条書きで表現すると

マーケティングの基本:3C
 Company(自社)
 Client(顧客)
 Competitor(競合企業)

3Cをビジュアル化(図)すると

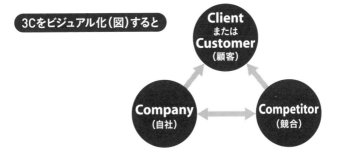

私は30代のころ2週間強、フランスのINSEAD（経営大学院）にマーケティングの勉強をしに行ったことがあります。20名強のクラスで私以外はみな、経営者層でした。

　ところが、私の英語のレベルは、ビジネスレベルでは最下限のTOEIC730点レベルでした。つまり表面的な口頭コミュニケーションはできるのですが、少し込み入った話になるとお手上げでした。**この環境下で外国の経営者とコミュニケーションする際に有効だったのが、「ビジュアルで表現すること」と「数字で表現すること」でした。**

　授業の中で、受講者が4人1組になってチーム対抗でシミュレーションゲームをするというものがありました。土地を購入して、そこにホテルを建設し、マーケティング戦略を考え、最終的には、コンピュータがシミュレーションした業績連動の株価で順位を争うというものでした。

　私は、この手のゲームで負けるのは嫌なので、勝つための戦略を考えたいと思いました。しかし、私の英語力では、私の考えのすべてを正しく伝えることはできません。そこで、ビジュアルの登場です。

　このゲームの因果関係をフローチャートで示しました。

　株価は何によって変化するのか（本当は人気投票ですが、ビジネススクールのシミュレーションゲームです。正しい事業戦略と運営と業績で決まるはずだと考えたのです）。そこで、何によって株価が変化するのかという関連性を簡単な絵で説明したのです。

　その上で、我々のやるべきことの優先順位を箇条書きにしました。そして、その順番に事業運営をしたのです。顧客ターゲットをビジネス客に絞り、その利便性を高める施設と人材に投資し、サービスレベルを高めました。顧客満足度調査も実施し、課題を解決し続けました。

　結果、我々のチームは1位となることができました。**言葉が通じることが最善なのですが、ビジュアル化できれば意図は通じてコンセンサスを得やすく、成果も出しやすくなるのです。**

Business Skill 17 / モデル化

業務フローを分解して「見える化」する

　数値化とビジュアル化の効用について見てきました。そこで、ここでは、ビジュアル化、数値化するために有効な**「モデル化」**について考えてみましょう。何か実態把握がしたいことがあった場合に、それを簡単なモデルとして表現するのです。

　例を挙げてみましょう。

　あなたは販促の担当者です。会社には、3つの営業部があります。同じ製品を扱っているのですが、東京都内を地域に分けて営業部がABCと3つに分かれています。A営業部の部長から**「最近、私の営業部の業績が他のB営業部とC営業部に比べてよくない。営業たちは地域がよくないせいだと言っている。本当にそうなのか。何が課題なのか分析してほしい」**と言われました。

　ここで有効なのが「モデル化」なのです。

営業活動をモデル化してビジュアル化するステップ

　ここでは営業活動をモデル化することにします。営業活動のモデル化に関しては、例えば6つのステップで表現することができます。**❶ターゲティング、❷アプローチ、❸ヒヤリング、❹プレゼンテーション、❺クロージング、❻デリバリー**です。

　❶ターゲティングとは、どのような顧客群に対して営業活動を行うのかを絞り込むステップを指します。ダイレクトメールを送付するリストや電話や訪問を行うためのリスト作成などを指します。ここでのターゲティングが甘いと営業活動での大きな成果は見込めません。

　余談ですが、私は営業時代、無差別飛び込み営業が苦手でした。無差別飛び込み営業とは、ビルの最上階から1階まで企業の入っている事務所のドアを1つずつ開けて飛び込み営業することです。私見ですが、飛

び込み営業は、ある特定業種の営業では有効なことがありますが、計画的なターゲティングを放棄している行動であり、極めて有効性は低いといえるでしょう。

次が❷アプローチです。飛び込みもアプローチの一手段です。その他、電話、郵送、メール、リスティング、バナー、口コミなどがあります。ユニークなものでは、紹介なともそうです。ターゲティングした顧客を他の顧客に紹介してもらうのです。きわめて有効な手段です。

続いては❸ヒヤリングです。顧客の状況、課題をヒヤリングするステップです。

そしてその課題や状況を解決するための提案を行うのが❹プレゼンテーション、契約をいただく❺クロージング、実際に商品・サービスを納品する❻デリバリーのステップへと続きます。

営業活動を数値化して可視化するステップ

営業活動を6つのステップにモデル化してフロー図としてビジュアル化した後は、数値化により可視化することを試みます。つまり、A営業部長の部下が、例えばこの1カ月の間に❶ターゲティングから❻デリバリーまで何件ずつ行ったかの把握を行います。

その集計結果が、❶ターゲティング（100）に対して、❷アプローチ（80）、❸ヒヤリング（40）、❹プレゼンテーション（20）、❺クロージング（15）、❻デリバリー（10）であるとします。

まずはA営業部の状況を把握することにします。この情報から考察すると、A営業部で10社納品するには100社のターゲティングが必要であることが分かります。ターゲティングを100社したものが、途中のステップで減っていき、最後のデリバリーまで辿り着くときには10社になるということです。

ですので、まず単純に考えて、10社のデリバリーを20社にしようとする場合、ターゲティングの100社を200社にする策が考えられます。これが可能かどうかは、他のB部、C部の同様の数値や、A部の昨年の

数値などと比較するとよいでしょう。

　あるいは、ターゲティングの100社からデリバリーの10社まで辿り着くのはわずか10%にすぎないという事実に着目し、❷アプローチから❺クロージングのどの段階で割合が大きく落ちているのかを見る方法が有効です。

　この例でいうと、❶→❷（80%）、❷→❸（50%）、❸→❹（50%）、❹→❺（75%）、❺→❻（67%）ですので、数値的に考えると❷→❸と❸→❹の2つの段階でそれぞれ50%に減少している点に改善の可能性があるといえるでしょう。これも他のB・C部と比較する、あるいは、A部の昨年数値と比較することで、どこを改善すればよいかが明らかになります。

　モデル化、数値化を行い、他の部（この例ではA部に対してのB・C部）と比較することで、A部の営業担当が言うように、業績低迷は地域の問題なのか、A部の営業活動の問題なのかが明らかになるはずです。

　モデル化し、数値化することではじめて、論点を明確にすることができるのです。

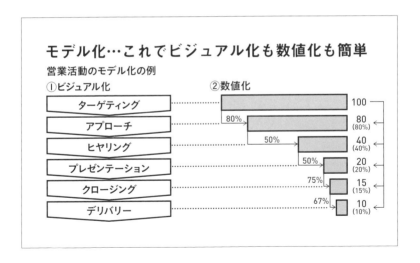

Business 18 Skill / フレームワークの基本❶
ロジックツリー

広く深く「因数分解」することで物事を整理する

　モデル化→ビジュアル化→数値化による可視化のステップを見てきました。モデル化を考える際、考えを整理するためのフレームが必要なことがあります。

　ここでは、思考をまとめるために有効な方法**「ロジックツリー」**を紹介します。**ロジックツリーとは、ひと言で言うと「ある事柄を『因数分解』すること」**です。

　数学用語の「因数分解」というとアレルギーを感じる人がいるかもしれませんが、簡単な話です。例えば30を素数で分解すると2×3×5＝30となります。つまり、30は2、3、5の3つに分けること（因数分解）ができるという意味です。

ダイエットをロジックツリーに分解してみる

　具体的な例で考えてみましょう。

　例えば、体重を減らす場合を考えてみます。体重を減らす方法をロジックツリーで整理をしてみますが、その前に、思いつく方法を列挙してみましょう。

　どのような方法があるでしょうか？

① **断食をする**
② **食事の回数や量を減らす**
③ **アルコールを減らす**
④ **ジムに通う**
⑤ **ジョギングを始める**
⑥ **トレーニングマシンを購入する**
⑦ **エステに行く**

⑧ 食事をダイエット食品に変える
⑨ （少し怖いですが）ダイエット手術をする

たくさんの選択肢を思いつきます。

しかし、よく考えると、①断食をする、②食事の回数や量を減らす、③アルコールを控える、⑧ダイエット食品を摂取するというのは「A　インプットを減らす」と一括にできます。

同様に、④ジムに通う、⑤ジョギングを始める、⑥トレーニングマシンを購入するも「B　アウトプットを増やす」と一括にできます。これらを踏まえたうえで、体重を減らすための方法を分類すると、次のように整理できます。

A　インプットを減らす＝①・②・③・⑧
B　アウトプットを増やす＝④・⑤・⑥
C　体質改善をする＝⑦
D　物理的に取り除く＝⑨

この4つは、それぞれ独立関係にあるのがわかります。

独立関係とは、「AとBは無関係である」ということです。つまり、「A　インプットを減らす」というグループの中に「B　アウトプットを増やす」は属していません。また逆にBのなかにAも属していません。つまり依存関係にはないということです。AとBの関係だけではなく、A～Dすべてに関して相互に独立関係にあるのがわかります。

ロジックツリーを使って事象を整理する際には、このように一段階クリック（パソコンのフォルダをクリックしたようなもの）した状態で相互に独立関係にあることが必要なのです。

それでは「A　インプットを減らす」をさらに2段階目に分割してみましょう。

A-1　1回の食べる量を減らす

A-2　食べる回数を減らす

　この2つに分類できます。さらに3段階目に分割してみると「A-1　1回の食べる量を減らす」は「A-1-1　主食を減らす」「A-1-2　副食を減らす」という風に分解できます。「A-2　食事回数を減らす」は「A-2-1　1日食事の回数を減らす」「A-2-2　1日の間食の回数を減らす」などと分けることができます。
　同様にBからDに関してもクリックできる状態にしていきます。

ロジックツリーには「広さ」と「深さ」が必要

　ロジックツリーを作成する際に、重要な2つのポイントがあります。
　1つめは、**それぞれの段階で独立関係であり、かつ過不足がないこと**です。上記のA〜Dでおそらく体重を減らす方法は網羅されているのですが、どれかが足りないとまずいわけです。このことをロジックツリーでは「**十分に広い**」という言い方をします。
　もう1つは、「**深さが十分にあること**」です。深さとは、第1段階から2段階、3段階と因数分解を深めていきましたが、実際に選択できる程度までの「細かさ」まで分解されていることが必要であるということです。
　つまり、ロジックツリーには「広さ」と「深さ」が必要だということです。
　経験則ですが、広さは4~6程度まで、深さは少なくとも3段階、可能であれば4段階まで考えるのが1つの目安です。つまり、広さが10に分かれている場合は、それらをさらにグルーピングして4~6程度にすればよいということになります。
　私は、営業時代にも、このロジックツリーを使用した企画書をよく作成しました。特に顧客の決裁者が論理的に物事を判断したい場合には有効でした。すべての選択肢を一覧した上で、その中から最適な選択肢を選べる状態にするのです。これをすることで、顧客の納得感がまるで違

ってきますので、一度試してみてください。

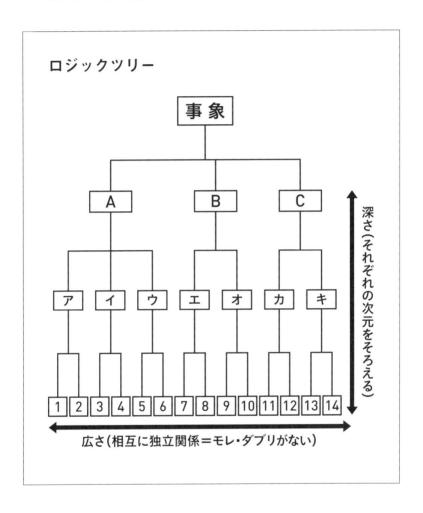

Business 19 Skill

フレームワークの基本❷
マーケティングミクス

あらゆる商品・サービスで徹底すべき「4P」とは？

　マーケティング関係者で有名な入浴剤の話があります。
　ある大手化学メーカーが新しい入浴剤を作りました。
　これで入浴剤市場に新規参入しようとしました。製品自体はトップシェアの製品と遜色ありません。価格もトップシェアの製品より安くできました。原材料の納入先を絞り、製造方法にもパッケージにも工夫をしたからです。コマーシャルも人気女優を使って大々的に流しました。
　さて結果はどうだったでしょうか。
　不思議なことにトップシェアの入浴剤が圧勝したのです。新規参入した入浴剤ではなく、これまでのトップシェア製品が好調な売上結果を残したのです。
　いったい何が起きたのでしょうか？
　新規参入がうまくいかなかったのは、次のような理由でした。
　コマーシャルを見て好感を持った人たちが、スーパーマーケットに入浴剤を購入しに行きました。ところが、スーパーマーケットの棚の大半はトップシェアの入浴剤に占められていたのです。しかも少しお得な価格設定になっていました。主婦は新しい入浴剤を購入するためにスーパーマーケットに来たのですが、棚を見て「やはりトップシェアの入浴剤にしよう」と思い、買っていったのです。
　つまり、トップシェアの入浴剤を扱っている会社は、コマーシャルを強化するのではなく、スーパーなどの流通に対して、従来よりも広く棚を確保することで新規参入を阻害したというわけです。新規参入企業が自社商品を置こうとしても、すでに棚を押さえられていたのです。
　このマーケティングの成功と失敗の分かれ道を理解するためには、**「マーケティングミクス」**という考え方を知っておく必要があります。

売れる商品は必ず「4P」の整合性がとれている

「マーケティングミクス」は別名**「4P」**と呼ばれ、頭文字がPで始まる4つの用語からなっています。**Product（製品）、Price（価格）、Promotion（プロモーション・宣伝・販促）、Place（営業チャネルや流通チャネル）**です。Placeは通常「場所」を意味する単語ですので、やや違和感があるかもしれません。これは、もともと店の棚の「場所」を指していたからです。それを広義に捉えて、チャネルと考えます。

売れている商品は、この4Pに整合性があります。

例えば、トップシェアの入浴剤について考えてみましょう。国内での入浴剤マーケットを作ったのは同社であり、同社のProduct（製品）が、ある意味入浴剤のデファクトスタンダード（事実上の基準）です。

競合商品と比較すると、ややPrice（値段）は高いかもしれませんが、製品とのバランスでは問題ありません。つまりブランド価値があるということです。また、Promotion（宣伝）に関しては、永年のテレビCMが功を奏し「第一想起（最初に思い浮かぶ製品）」となっています。

そして、最後のPlace（流通チャネル）に関しても、競合企業の新入浴剤に対して棚を押さえるという戦術で対抗したのです。何らかのインセンティブ（報奨金）を流通チャネル（スーパーなど）に支払ったかもしれません。あるいは、仕切り値を下げたのかもしれません。どちらにしても、**トップシェアの企業は、マーケティングミクスの4Pの整合性がある戦略を実行したのです。**

一方、新入浴剤の企業は、Product、Price、Promotionには**整合性**があったのですが、Place（流通チャネル）への対応が弱かったようです。つまりマーケティングミクスの整合性がなかったのです。せっかくよい商品、低価格のものを開発し、それを上手にコマーシャルで展開したのですが、肝心のスーパーの棚を押さえることができなかったのが敗因です。これは入浴剤に限った話ではありません。あらゆるビジネスを実現する際にもこの考え方は有効です。

マーケティングミクス(4P)

Product （製品） 「何を売るか？」	**Place** （営業チャネル・流通チャネル） 「どうやって届けるか？」
Price （価格） 「いくらで売るか？」	**Promotion** （広告・宣伝・販促） 「どうやって知らせるか？」

▼

売れる商品には**4P**に整合性がある！

フレームワークの基本 ❸ 顧客の3C

Business 20 Skill

独り善がりに陥るのを避ける思考法

3Cに関しては、Business Skill 16の「ビジュアル化」(67ページ参照)で少し触れました。

頭文字がCで始まる3つの単語の関係性を整理するフレームです。

3Cとは①Company（自社）、②Client（法人顧客）またはCustomer（個人顧客）、③Competitor（競合）です。

2つめのCをわざわざClient（法人顧客）とCustomer（個人顧客）の2つに分けているのは、リクルート時代の癖です。

私がいた時代のリクルートのビジネスモデルでは、売上の大半は企業からの広告料金から得ていました。「売上をもたらしてくれる顧客は誰か」と言われればClient（法人顧客）となります。ところが、企業は何のために広告を掲載するのかというと、個人が企業の広告に反応（問い合わせをする・資料請求をする・訪問するなど）してくれるからなのです。

したがって、売上をもたらしてくれる顧客である企業だけを見て広告を作ると、Customer（読者）からそっぽを向かれるのです。それを避けるためにも個人顧客も並行して見ることが求められていました。そのために、当時から読者保護のために掲載規定などを作り、これを遵守していただけない顧客企業は、お金を払っていただけたとしても広告掲載を断っていました。

一般企業でいえば、お金を出してくれる対象のみが顧客であり、それは、この商品に関しては法人、これに関しては個人ということになるはずです。法人、個人の両方を見ながらビジネスをするというのが、リクルートのマッチングビジネスのユニークなところかもしれません。

さて、話を3Cに戻しましょう。

3Cで整理する効用は、独り善がりになることが避けられることです。やや分かりにくい表現ですが、顧客に自社商品を営業する場合、ついつい自分の立場だけで考えてしまい、顧客の立場で考えることを忘れ

がちになることを避けられるのです。

　例えば、この3Cを意識せずにマーケティング戦略を考えると、ライバル企業（Competitor）がどのような商品を顧客に営業しているのかといった観点が抜け落ちてしまいます。

　そうした抜けを避けるために、3Cの図におけるそれぞれのCの個所に関連する情報を書き込んでいきます。そうすると、結果として、顧客の立場に立って、競合企業と自社の製品を比較することができるようになります。

　そうするとしめたものです。

　顧客の立場に立って自社を見ているわけですから、どのような情報を提供することができれば、自社の製品を顧客が選択するのかを考えることが容易になるのです。

顧客の3Cまで考える習慣をつければ最強

　ここではさらに、発展させたアドバイスをしましょう。

　主要顧客あるいは典型的な主要顧客セグメント（群）に関しては、顧客の3Cまで考える習慣をつけてみてください。

　顧客の3Cとは、顧客企業をCompany（自社）に見立てて、顧客企業の顧客、顧客企業にとっての競合企業に関しての情報を整理するのです。これを実施すると顧客の理解がさらに深まります。

　顧客企業も競合企業と争って、製品やサービスを拡販することで業績拡大を行いたいわけです。顧客が我々の製品を購入するのも、サービスを利用するのも、顧客にとっての競争環境をより優位にするためだということが理解しやすくなります。つまり、顧客の3Cに関しての情報を整理することで、より顧客の置かれている立場を理解しやすくなるのです。

　リクルートの営業は、顧客に提供する資料では、よくこの顧客側の3Cの方だけを使用して説明することがありました。つまり、顧客の立場に立って、顧客にとっての競争関係をリクルートの商品・サービスを

使って打ち勝ちましょうとプレゼンテーションを行うのです。顧客の立場から考えつつも、自社（この場合はリクルート）の商品やサービスの説明だけを行う場合との差異は顕著です。結果的にリクルートの商品やサービスを選んでいただけることになるのです。

3Cは便利なフレームです。今回紹介した「顧客の3C」以外にも応用の幅があります。例えば、リクルートのある部署では、**「過去の3C」「現在の3C」「未来の3C」**と時間軸をずらして使用しています。つまり、過去の競争環境と現在の競争環境、そして未来の競争環境を理解することで、顧客企業の理解を深めていました。過去・現在・未来の3Cを踏まえた上で、どのような事業戦略を選択するのかを整理するのです。

きわめて有効な整理のフレームです。ぜひ活用してみてください。

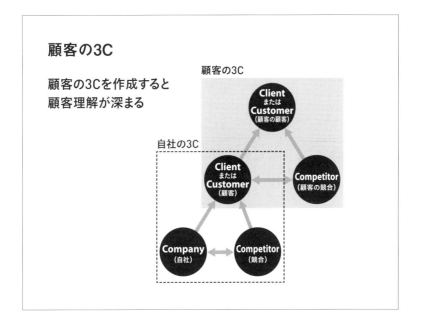

Business 21 Skill / フレームワークの基本❹ 5F

ファイブフォース分析で競争環境を整理する

次は**5F（5Force）**を紹介します。

これは前述の3Cの拡大版という位置づけのフレームです。

簡単にポイントを説明しましょう。5FのFは「Force」のFです。つまり力ということです。企業は様々な力が影響しあう競争環境の中で事業運営をしています。その状態を表現する図なのです。新規参入を考える市場や、自社の属している市場を整理する際に有効なフレームです。

企業を取り巻く「5Force＝5つの力」とは、**①顧客、②仕入れ先、③競合企業、④新規参入者、⑤代替者**の5つです。

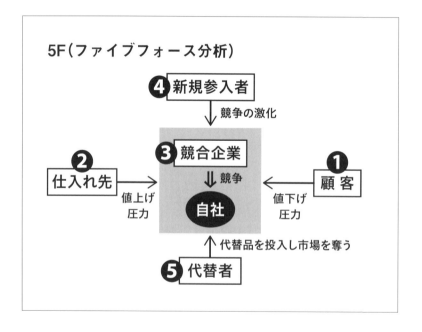

「顧客」からの力

5つの力を順に見ていきましょう。まず1つめの力は**「顧客」**からの力です。顧客はできるだけ安く商品・サービスを購入しようとします。つまり自社から見ると値下げ圧力であり、売上を減らす要因です。この力は様々な場面で、手を変え品を変え襲ってきます。
「たくさん購入するので」「いつも購入しているので」「初めてなので」「クレームがあったので」などが代表例でしょう。この力に打ち勝って収益を担保しなければならないのです。

「仕入れ先」からの力

2つめの力は**「仕入れ先」**からの力です。仕入れ先はできるだけ高く原材料などを販売しようとします。つまり自社から見ると、仕入れの値上げ圧力であり、原価や経費を高くし、利益を圧迫する要因です。この力も形を変えて様々に襲ってきます。
「他社の方が高く仕入れてくれるので」「市場価格が高くなったので」などです。

「競合企業」からの力

3つめの力は**「競合企業」**からの力です。競合企業は、隙があれば、自社の顧客を奪おうと虎視眈々と機会を狙っています。
「安くする」「サービスを付加する」「高性能の新製品を出す」「担当者を接待する」などです。この力にも打ち勝つ必要があるのです。

「新規参入者」からの力

4つめの力は**「新規参入者」**からの力です。新規参入者とは、現在は

自社の属している市場・マーケットには参加していないのですが、新たな競合企業としてこの市場に参加しようと考えている企業のことです。つまり潜在的な競合企業です。

以前、ニッチ市場のトップメーカーであったベンチャー企業の創業社長と、この「新規参入者」に関して話をしたことがあります。

社長曰く、ベンチャー企業が創り出したニッチ市場は、設立当初は市場規模も小さく、大企業は参入してきません。ところが、**ある規模になってくると大企業が「新規参入者」として競合企業となって市場に参加してくる**と言うのです。

ただ、参入当初は、その市場はまだ大きくないので、大企業の中で、そのニッチ市場を担当する人材は、そう優秀ではないそうです。

ところが市場規模が大きくなり数十億から100億円規模になると、この市場を担当する大企業の人材レベルが大きく変化してきて、エース級の人材が投入されるそうです。そうなると資本金に勝る大企業のすさまじい攻勢が始まり、ベンチャー企業はひとたまりもありません。

このベンチャー企業も数年後、同じ運命を辿りました。あのように未来を予見することができる創業社長でも、避けられないのか……と驚いたのを覚えています。

「代替者」の力

最後の5つめは**「代替者」**の力です。

これはマーケットを変えてしまう大きな可能性を秘めています。従来の商品・サービスの代わりとなる商品やサービスが出てくることです。古くは、ポケベルに対してのPHS。PHSに対しての携帯電話などもそうでしょう。そして携帯電話もガラケーと呼ばれ、スマホに駆逐されていきました。

私が営業職であった25年以上前の話にお付き合いください。

営業職といえば当時誰もがポケベルを持っていました。初期のポケベルは音が鳴るだけでしたが、私が利用していたのは、数桁の数字がディ

スプレイに表示されるタイプでした。

　私が当時属していたのは、軍隊のような営業部署でしたので、上司からポケベルが鳴った場合（ディスプレイに表示される番号で相手が上司だと分かりました）には、電車から降りてでも電話をするという理不尽なルールがありました（笑）。

　当時は、携帯電話もスマホもありません。ちなみにパソコンのメールはありましたが、移動中に持ち歩くノートパソコンはありませんでした。つまり、すぐに連絡できないので、今では見なくなった緑色やグレーのカード式の電話機を探したものです。

　このポケベルは、伝える情報が数値だけですので、地下であっても電車であってもお構いなしで、その伝達力はすさまじいものがありました（そういえば女子高生も同じようにポケベルを持ってコミュニケーションを取っていました）。

　ところが、そのポケベルはほんの10年も経たないうちにPHSに取って代わられてしまいました。そして当時のポケベル専業メーカーや販売会社が次々に倒産していったのです。

　つまり、「代替者」によって市場を根こそぎ奪われてしまったのです。しかし、PHSの栄華も長くは続きませんでした。携帯電話、特にi-modeという「代替者」によって、ふたたび顧客を根こそぎ奪われてしまいました。

　そしてその携帯電話の栄光も長くは続きません。iPhone、Androidに代表されるスマートフォンに凌駕されてしまいました。

　市場を5Fの観点で整理する。

　とても有効です。活用してみてください。

Business 22 Skill / フレームワークの基本❺
ビジネスプロセス

事業成功の鍵を握る必須手順

　私がビジネスの**CSF**（Critical Success Factor：事業成功の鍵）を見つけたいときに使う1つの方法がこの**ビジネスプロセスを描く**ということです。KPIを決めるためには、ビジネスプロセスの中で、最も重要な工程であるCSFを決めることが必要です。

　ビジネスプロセスやCSFというと難しく感じるかもしれませんが、要は自分たちのやっていることを矢羽で順番に整理することがビジネスプロセスです。そのビジネスプロセスの中で現在、最も重要な矢羽がどこかを見つけるのがCSFというわけです。

ビジネスプロセスは大きく3つ

　多くのビジネスは、最も単純化すると、3つの矢羽で表現できます。その3つとは、**「創る」「作る」「売る」**です。新しいビジネスアイデアを「創る」、それを実際に「作る」、そしてそれを「売る」ということです。

　これをきちんと回している会社は儲かります。そして、自社にとって、この3つの矢羽のどこが、他社との差別化ポイントなのかを明確にすることがCSFを見つけることになります。

　例えばイノベーションを起こしたいメーカーは「創る」が競争優位ポイントのはずです。そして一般的な量販製造が得意なメーカーは「作る」が競争優位ポイントになります。小売業や商社は「売る」が競争優位ポイントです。

競争優位ポイントを細分化する

　実際は、同じ「創る」でもさらに競争優位ポイントが細分化できます。製品を作るにしても、他社が簡単に入手できない素材を調達するこ

とが得意な会社もあれば、誰も思いつかないアイデアを創ることが得意な会社もあるでしょう。顧客のニーズを満たすことが得意な会社もあれば、顧客の新たなニーズを創るのが得意な会社もあるでしょう。

そして、この細分化は「創る」というポイントだけではなく、「作る」「売る」でもあります。

そして、何よりも、他社がどうでもよいと思っているポイント、あるいは気づかないポイントについて他社との違いを作れる会社が、競争優位を維持できる時間が長くなります。

また、1カ所だけではなく、複数の個所で他社との違いを作れる会社は、さらに競争優位を維持できる時間が長くなります。逆に他社が簡単に真似できるポイントだと、競争優位はすぐに意味をなくしてしまいます。

ビジネスプロセスを整理してCSFを見つける手順

私はここ15年ほど、自分自身が過去に経験のない業界を経験し続けてきました。事業企画→社内取引ルール整備→管理会計→事業監査（不動産）→新規事業運営（不動産×接客）→IT会社経営→事業開発（人材採用）→研究開発（組織）という具合です。

新しい職種や業種を経験するたびに、担当事業はどうやって価値を生み出しているのか、どうやって儲けているのかを把握していました。その際に、このビジネスプロセスを整理し、CSFを見つける作業が有効でした。

具体的には、次の3つのポイントが重要です。

① 前任者などにヒヤリングする前に、業界を理解するための書籍や情報を入手し、頭の中に業界マップとビジネスプロセスとCSFの仮説を立てる。
② 事業の関係者の中で、利害関係はあるが、遠い人から順番に話を聞き、頭の中の業界マップとビジネスプロセス、CSFの仮説を詳細化していく。

③頭の中に業界マップを入れながら前任者に話を聞く。

新しい業界でビジネスプロセスとCSFを見つけるには、この①②の手順が重要です。これを飛ばして「③前任者に話を聞く」を行うと、最大で前任者のミニチュア版にしかなりません。

前任者が自分の分かっていることすべてを伝えることは不可能です。またベストプラクティスや課題なども正確に理解できているかどうか分かりません。そのような前提で情報を私に伝えるわけです。

ですので、ミニチュア版と表現しました。

つまり、前任者の7掛けくらいの状況理解しかできないのです。ところが①②を行うと、自分の頭の中に業界マップやビジネスプロセス、CSFの仮説がありますので、それらを検証しながら、話を聞くことができます。聞いた話に違和感があれば、確認もできます。

とても有効な手法です。

ビジネスプロセスとCSFを見つけるのは、異動や転職など新しい業界を担当するときだけではありません。同じ職場や組織のメンバーと一緒に行うと、その認識の違いに驚くかもしれません。メンバーのベクトルをそろえるのにも有効です。一度トライしてみてはいかがでしょうか。

新しい部署でビジネスプロセスからCSFを発見する手順

❶ 業界を理解するための書籍や情報を入手し、頭の中に業界のマップとビジネスプロセスとCSFの仮説を作る。
❷ 関係者の中で、利害関係はあるが、遠い人から順番に話を聞き、頭の中の業界マップとビジネスプロセス、CSFの仮説を詳細化していく。
❸ 頭の中に業界マップを入れながら前任者に話を聞く。

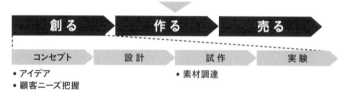

Business 23 Skill

フレームワークの基本 ❻
登場人物と価値の交換

事業開発における「転ばぬ先の杖」

かつて事業開発を担当し、ビジネスをうまく立ち上げることに成功したので、リクルート時代、事業開発をしている人たちから相談を受けることがありました。そのときにいつも紹介していた整理フレームが**「登場人物」**と**「価値の交換（関係性）」**です。

ビジネスの登場人物を洗い出す

手順は極めて簡単です。

事業開発を検討している人たちに、自分たちが想定しているビジネスの登場人物を人の形や会社の形で書いてもらいます。そしてその間を2本の向きが違う矢印でつないでもらいます。

ビジネスの場面では、必ず何かと何かを交換しています。2つの矢印は、何と何を交換しているのかを表現するために使います。

例えば、スーパーマーケットと消費者を描きます。スーパーマーケットから消費者への矢印には「商品」という文字を加筆します。そして、消費者からスーパーマーケットの矢印の上には「お金」を加筆します。同様にスーパーマーケットは商品を仕入れるので、問屋や生産者との間に、「商品」と「お金」という2つの言葉を加えた矢印で関係が説明できます。生産者と問屋の間も同じです。

こうして、事業開発を検討している人たちに、すべての登場人物と何と何を交換しているのかという2本の矢印と説明を書いてもらいます。そして、事業開発を検討している商品やサービスも、この絵の中に描いてもらいます。そして、何と何を交換しているのかを描いてもらうのです。

するといくつかの問題が浮き彫りになります。例えば、誰から「お金」をもらうのかが不明確なケース。あるいは、「提供しているものや

サービス」と「お金」のバランスが悪いケース。あるいは、ビジネスモデルがいくつか考えられて、関係者でコンセンサス（合意）が得られてないケースなどです。

　あるいはもっと致命的なのは、登場人物が少なすぎるケースなどもあります。よく忘れられる登場人物としては、「顧客の顧客」と「政府や官公庁」などが挙げられます。

　この登場人物全体が、事業開発を検討している人たちの「市場」全体です。それが狭いと近視眼的にしか物事を見ることができないことになるのです。

　事業開発は、簡単に成功しません。

　失敗しかけてから視野を広げても時間がありません。最初に視野を広げるためにも、できる限り登場人物を広くとり、自分たちのビジネス及びお金を出してくれる人を多様に検討することをお勧めします。

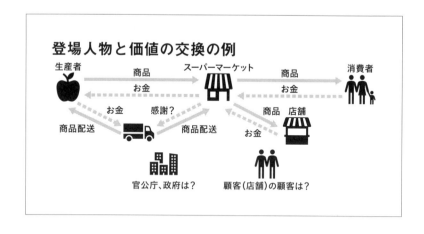

フレームワークの基本 ❼ 利益モデル

Business 24 Skill

23種類の利益の出し方

利益の出し方については、『ザ・プロフィット――利益はどのようにして生まれるのか』(エイドリアン・J・スライウォツキー著)という古典の名著があります。ここには23の利益モデルが載っています。新しくビジネスを考える際、自分たちのビジネスを整理する際に、とても参考になります。その概要を記しておきます。

(1) 顧客ソリューション利益モデル

特定の顧客にカスタマイズ製品・サービスを作ることで長期的に高い利益を得ることを目指します。具体的には、潜在顧客に2～3人のチームを送り、その会社について徹底的に調査を行い、得られた情報に基づき、顧客独自のカスタマイズ製品やサービスを開発するというものです。

この利益モデルのポイントは、時間と手間をかけて顧客固有の情報をすべて知りつくすことです。短期の損失は投資ととらえ、長期の利益を目指します。一部のビジネスコンサルティング会社が、大手企業に提供しているサービスが、これにあたります。

(2) 製品ピラミッド利益モデル

自社の製品群をピラミッドのように作り上げていきます。ピラミッドの最下段は、他社が簡単には参入できない低価格の製品を置きます。ここでの利益を度外視し、ピラミッドの上段の高価格帯製品群で収益を作っていきます。

バービー人形が事例として挙げられています。最下段の製品は、当時20ドル、30ドルで売られていました。バービー人形はここで儲けているわけではなく、その上の100ドル、200ドルする市場で稼いでいるのです。幼いときに安価なバービー人形で遊んだ思い出がある大人がラグ

ジュアリーなバービー人形を買ってくれるのです。

(3) マルチコンポーネント利益モデル

1つの製品を様々なコンポーネント（形態）で販売して利益を生み出すモデルです。

事例としては、コカ・コーラが挙げられます。スーパーマーケットでは2Lで100円程度、レストランでは350mlで3〜500円、自動販売機では500mlが150円という具合です。

利益の大半は、レストランと自販機からもたらされています。顧客は、コカ・コーラに対して幅のある価格感応性を示すので、同じ製品でも購買機会に応じて販売価格を変えることで収益を最大化できます。

(4) スイッチボード利益モデル

大きなシェアを持ち、価格交渉権を手に入れることで利益を挙げるモデルです。事例としては、テレビの世界では当たり前だった「一括売り込み」をハリウッド映画の世界に持ち込んだ例が取り上げられています。具体的には、タレントエージェントが、脚本家、主演俳優、ディレクター、助演陣を一括した完全なパッケージにして制作会社に売り込むモデルです。

パッケージにするためには、その世界において最も重要な優れた脚本を押さえます。これにより、タレントへの影響力が強まり、タレントを組織できることで映画制作会社への交渉力が強まるという話です。そしてタレントの量が増えると、さらに映画制作会社への影響力が大きくなるのです。臨界点を超えると、さらに影響力が高まるという好循環が生まれていきます。

(5) 時間利益モデル

魅力的な商品を一番に市場に投入し、二番手、三番手が出回る前に荒稼ぎをするモデルです。事例としては、インテルが挙げられています。新しい半導体を開発し、真っ先に市場に送り出すことで利益を生み出し

続けています。

(6) ブロックバスター利益モデル

ホームラン製品（ブロックバスター）の開発を目指すモデルです。世界中で利用される薬の開発を目指す製薬会社などが当てはまります。ホームランを狙うために、研究開発に投資し、研究開発の確率が少しでも上がるように、様々な施策を検討します。

この確率を上げるためのマネジメントの巧拙がこのモデルの成功の最大のポイントとなります。例えば、①主要プロジェクトに、バックアップ用の製品研究を加える、②主要プロジェクトが失敗しても、振り返りなどを次の製品開発に生かす、③複数の製品開発ポートフォリオを作っておく、などが挙げられます。

(7) 利益増殖モデル

1つの技術や権利で、何倍もの利益を生み出すモデルです。例えば、ディズニーのキャラクターなどが分かりやすい例です。

マルチコンポーネント利益モデルとの違いは、オリジナル資産から派生した異なる製品によって利益を生み出すところにあります。

初期の開発コストはかかりますが、その開発されたものを様々なところで利用していくことで、結果的に原価が下がり、莫大な利益を生み出す可能性があります。

(8) 起業家利益モデル

私がいたリクルートのように従業員1人1人に起業家精神を持たせることで、結果として利益を上げるモデルです。リクルートが上場する際に、企業家精神とそれを支える仕組みについての内容が、欧米の機関投資家にとても受けがよかったという話を聞いたことがあります。

(9) スペシャリスト利益モデル

　特定の事業分野を選び、自社のサービス提供コスト、顧客のビジネスプロセスとコストを調べ、それぞれの数値を掴みます。これらのデータにより、オペレーションコストの削減や、競合他社に対して優位な値づけなどが可能となります。

　スペシャリスト化した企業は、提供する商品やサービスのメニューを細かく作れるようになり、より適切な価格設定を行うことができるようになるのです。

　事例としてはElectronic Data Systems（EDS）が取り上げられていました。機械加工製品メーカーのミスミなどもこのモデルですね。

(10) インストール・ベース利益モデル

　これはかなり有名なモデルですね。最初に販売した製品ではなく、その後の消耗品などによって稼ぐというモデルです。カミソリ本体と替刃。コピー機本体とコピー紙とインク、浄水器本体とフィルター、回転歯ブラシと交換用ブラシなどの組み合わせです。

　最初の本体の購入時には、買い手に選択権があるのですが、その製品を購入した後では、売り手が主導権を握ることになります。

(11) デファクト・スタンダード利益モデル

　これも分かりやすいですね。このモデルの典型がGAFA（Google・Apple・Facebook・Amazon）やマイクロソフトです。このモデルは、一度デファクトになると、マーケティングコストが極めて安くつくのです。そして、収益がどんどん高まっていきます。

(12) ブランド利益モデル

　ブランドによって価格プレミアがつけられるモデルです。ヨーロッパのラグジュアリーブランドなどが分かりやすいですね。ブランドを作ることで、そのブランドネームが付加価値になり、競争優位になり、プレミアム価格をつけられ、結果高い利益を得ることができます。　ブラン

ド構築のために、長い年月をかけて莫大なマーケティングコストを投下する必要がありますが、ブランドをうまく活用すれば、様々な利益モデルが組み立てられます。

(13) 専門品利益モデル

専門的な新製品（ユニークなニッチ製品）により、汎用品よりも高い価格プレミアムを得ることができるモデルです。いかに、次のニッチ製品を産み出し続けられるかというR&D領域のマネジメントが重要になります。グローバル・ニッチ・トップと呼ばれる企業群などがこれにあたります。

(14) ローカル・リーダーシップ利益モデル

特定のローカルエリアで圧倒的なシェアをとるモデルです。一定の地域に集中して店を出して、その地域の同業他社を駆逐します。特定地域に集中することで配送コストやマネジメントコストも軽減され、また販促や宣伝費用も抑えることができます。スターバックスやウォルマートもこの戦略で地域展開していきました。

(15) 取引規模利益モデル

取引規模が大きくなればなるほど1件あたりの売上の上昇がコストの上昇より大きくなります。広告代理店などが典型例です。このモデルでは、大口顧客との関係作りが最も重要な要素となります。取引の開始前はもちろんのこと、取引開始後も、いかに取引先との関係を密に保てるかが重要です。

(16) 価値連鎖ポジション利益モデル

バリューチェーンにおける最も重要なポイントをコントロールすることで大きな利益を生み出すモデルです。分かりやすいのは、逆スマイルカーブとスマイルカーブの話ですね。

下の図のように縦軸に付加価値を、横軸に製造業のビジネスプロセスを左から順に「研究」「開発」「製造」「販売」「アフターフォロー」とおきます。従来の製造業は、3番目の「製造」の付加価値が高い逆スマイルカーブを示していました。つまり製造業の利益が高かったのです。

　ところがグローバル化が進むと逆に1番目の「研究」と5番目の「アフターフォロー」の付加価値が高くなり、3番目の「製造」の付加価値は大きく下がります。アップルなどが典型例ですね。自社で「開発・企画」を行い、それ以降はすべて外部を使っています。

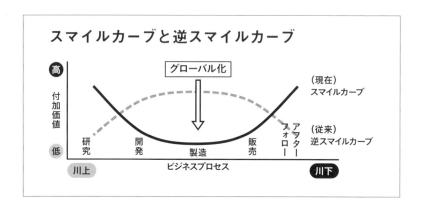

(17) 景気循環利益モデル

　このモデルは景気循環を予測し、景気の山の頂上の少し前にブレーキを踏み、谷の底の前にアクセルを踏むと収益が大きく高まるというモデルです。かつて私自身が求人ビジネスの事業企画を担当している際に、このモデルを意識して事業運営していました。具体的には、営業パワーの増強、削減を景気循環の少し前にコントロールしていました。

(18) 販売後利益モデル

　価格が高く、価格の幅が大きく、そして選択肢が多いと、顧客の価格感応性は高くなります。逆に、価格が安く、価格の幅が小さく、そして選択肢が少ない場合に価格感応性は低くなります。

パソコン、自家用車、工業機器などの製品の売買取引では、買い手の価格感応性が最も高いゾーンで行われています。買い手は少しでも安い価格で製品を手に入れようと考えます。

ところが、最初の取引が成立すると、それまで存在しなかったフォローアップ製品の需要が生まれるのです。これらの製品の価格感応性は低いのです。

「インストール・ベース利益モデル」では、製品メーカーが利益を得るのに対して、この「販売後利益モデル」では、製品メーカーに限らず、他のプレイヤーが利益を得ることがあります。自家用車に対しての、タイヤ量販店のような位置づけです。

(19) 新製品利益モデル

このモデルは、売上と利益のグラフの2つの曲線を理解できている会社が実現するモデルです。1つは売上の増加曲線。新製品は、最初売れないのですが、時間とともにある閾値を超えると一気に売れ出し、さらに時間が進むとその伸びが鈍化していきます。一般的にはS字カーブと呼ばれる曲線を描きます。一方の利益はというと最初は低く、途中で大きく伸び、最後にまた大きく下がっていきます。つまり、売上が鈍化したら、さっさとその製品をあきらめ、次の新製品に乗り換えることで、大きな利益を挙げることができるのです。かつての定期的な自動車のモデルチェンジなどが代表例です。

(20) 相対的市場シェア利益モデル

相対的な市場シェアが高い企業は、製造、購買における規模の経済性が働き、コスト競争力を持てます。マーケティング、宣伝活動にも資源を投入でき、製品1個あたりの原価、間接費、研究開発費を最小化できます。

「相対的」とあるように、自社が勝ちやすい、シェアをとりやすい分野、テリトリーをどのように設定するかが重要なポイントになります。特定の製品群、特定の顧客群、特定のエリアなどで相対的シェアを高く

できると、上記のようなメリットを産み出し、利益向上が可能になります。

(21) 経験曲線利益モデル

経験曲線利益モデルとは、労働者が経験を経るに従い製品1ユニットあたりの製造にかかる時間が減ることで単位あたりのコストが減少し、利益率がアップするという利益モデルです。

(22) 低コスト・ビジネスデザイン利益モデル

圧倒的に低コストで運営することによって利益を創出するモデルです。経験曲線利益モデルが、学習によって低コストを実現していくモデルだとすると、低コスト・ビジネスデザイン利益モデルは、その市場のビジネスモデルを完全に時代遅れにしてしまうようなモデルです。

航空業界で拠点空港（ハブ）と各都市の空港を放射状（スポーク）に結ぶハブ・アンド・スポークモデルが当たり前だった時代から、大都市の第二空港同士を結ぶことで成功したサウスウェスト航空などが例として挙げられています。

(23) デジタル利益モデル

「デジタル」に移行することで何十倍もの生産性を実現し利益を生み出すモデルです。これは、現在では必要条件ですね。

23通りの利益モデル

利益モデル	例
顧客ソリューション利益モデル	ビジネスコンサルティング
製品ピラミッド利益モデル	バービー人形
マルチコンポーネント利益モデル	コカコーラ
スイッチボード利益モデル	マイケル・オーヴィッツ
時間利益モデル	インテル
ブロックバスター利益モデル	大手製薬メーカー
利益増殖モデル	ディズニーキャラクター
起業家利益モデル	リクルート
スペシャリスト利益モデル	EDS、ミスミ
インストール・ベース利益モデル	使い捨てカミソリ、コピー機
デファクト・スタンダード利益モデル	マイクロソフトWindows、GAFA
ブランド利益モデル	ラグジュアリーブランド
専門品利益モデル	グローバル・ニッチ・トップ
ローカル・リーダーシップ利益モデル	スターバックス、ウォルマート
取引規模利益モデル	広告代理店
価値連鎖ポジション利益モデル	アップル、マイクロソフト、インテル
景気循環利益モデル	トヨタ自動車
販売後利益モデル	自動車アフターサービス
新製品利益モデル	自動車
相対的市場シェア利益モデル	サムソン、アップル
経験曲線利益モデル	DJI(ドローン)
低コスト・ビジネスデザイン利益モデル	LCC
デジタル利益モデル	全産業

Making Judgements by Using
Bussiness Numbers

ビジネスシーンでは様々な数字が飛び交っています。その数字を読み取って、様々な判断をすることが求められます。「たかが数字、されど数字」。数値化のところで触れましたが、世の中には2種類のバカがいるようです。「数字で何でもわかると思っているバカ」と「数字では何も分からないと思っているバカ」の2つです。私自身は、マーケティング、調査、販促、管理会計と数値を扱う仕事の経験が多いのですが、感覚値で答えると数字で7～8割のことは把握できると思っています。特に初めての部署や仕事をする際に、数字で大枠を掴み、重要なポイントが何なのかを事前に知っておくことは極めて重要です。
　この章は次のような方に役立つと思います。

☑ 数字と聞くと拒絶反応を感じる人
☑ 数字をどう読めばよいのか分からない人
☑ 数表のどこを読めばよいのか分からない人
☑ 財務諸表の最低限の知識を得たい人

　この章には、これらを解決するための9つの原理原則（ヒント）が載っています。㉕～㉘は関連のある話ですので、順に読むことをお勧めします。

㉕ グルーピング・信頼性の確認
㉖ 合計と平均
㉗ 項目どうしの割り算
㉘ 情報を付加する
㉙ BSの読み方
㉚ PLの読み方
㉛ CFの読み方
㉜ 顧客分類
㉝ 損益分岐点とその下げ方

Business Skill 25 / グルーピング・信頼性の確認

数字情報を見やすい形に整理する

　数表の読み方には、様々なポイントがあります。理屈で説明するよりも、具体的な例を見ながら説明した方が分かりやすいと思います。そこで、ここでは、実際のデータを見ながら数表の読み取り方を見ていきましょう。

　例として、あなたが「新しい地域に営業所を出すことを検討する」ケースを考えてみます。あなたの会社は、店舗に商品を卸す商社です。

　営業所を出す検討場所を便宜的にA、B、C、Dとします。4カ所とも競合企業がすでにその地域でビジネスを展開しています。あなたは、データを使って4カ所の中から、新しい営業所を出すための最適な場所を選ばなければなりません。

　与えられたデータは次のようなものです。

A:人口（30万人）
対象顧客店舗数（200店）・対象顧客売上（80億円）
競合企業既取引店舗数（15店）・競合企業取引額（2億円）
競合企業営業数（3名）

B:人口（40万人）
対象顧客店舗数（500店）・対象顧客売上（300億円）
競合企業既取引店舗数（50店）・競合企業取引額（4億円）
競合企業営業数（5名）

C:人口（35万人）
対象顧客店舗数（350店）・対象顧客売上（100億円）
競合企業既取引店舗数（40店）・競合企業取引額（3.5億円）
競合企業営業数（4名）

D:人口（20万人）
対象顧客店舗数（250店）・対象顧客売上（250億円）
競合企業既取引店舗数（60店）・競合企業取引額（2.5億円）
競合企業営業数（3名）

まずはグルーピングして情報を整理する

　さて、まず何をすればよいでしょうか。本当に数字が苦手な人は、この数字を見ながらうなってしまうのです。あるいは、方針も決めずに何かを次々に書き出し始めるのです。

　正しくはまず、上記の箇条書きの数値を数表にします。箇条書きだと比較がしにくいからです。ただし、数表にしたからといって、すぐに数字を読み出してはいけません。

　まず数字を見る前に情報を整理します。具体的には、項目に関してのグルーピングをするのです。つまり、今回の数表には、「人口」「対象顧客店舗数」「対象顧客売上」「競合企業既取引店舗数」「競合企業取引額」「競合企業営業数」の6項目に関してのデータがあるわけです。これをグルーピングしてみます。

　いくつかのグルーピングの仕方がありますが、ここでは、『市場情報』『顧客情報』『競合情報』の3つに分類します。つまり、「人口」は『市場情報』。「対象顧客店舗数」「対象顧客売上」の2つが『顧客情報』。そして残りの「競合企業既取引店舗数」「競合企業取引額」「競合企業営業数」が『競合情報』ということです。我々が保有している情報は、この3つの観点の情報であるということが分かります。

数字の信頼性を確認する

　さて、次にすべきことは何でしょうか。**まだ数字を見る前にしなければいけないことがあります。それは「数字の信頼性を確認する」ことです。**

まずは数字を「グルーピング」する

		地域			
		A	B	C	D
人口	（万人）	30	40	35	20
対象顧客店舗数	（店）	200	500	350	250
対象顧客売上	（億円）	80	300	100	250
競合企業既取引店舗数	（店）	15	50	40	60
競合企業取引額	（億円）	2.00	4.00	3.50	2.50
競合企業営業数	（人）	3	5	4	3

- グルーピング
- 信頼性の確認

↓

			地域			
			A	B	C	D
市場情報	人口	（万人）	30	40	35	20
顧客情報	対象顧客店舗数	（店）	200	500	350	250
	対象顧客売上	（億円）	80	300	100	250
競合情報	競合企業既取引店舗数	（店）	15	50	40	60
	競合企業取引額	（億円）	2.00	4.00	3.50	2.50
	競合企業営業数	（人）	3	5	4	3

つまり、数字自体が正しくなければ、これ以降の考察は意味がないのです。数字自体が間違っていることはあまりないと思うかもしれませんが、案外よくあることです。

私がワークス研究所調査グループの責任者時代のことです。ある調査会社から調査結果の報告を受けた時のことです。私は、その調査の責任者でしたが、調査の経験は浅く、恐る恐る質問をしました。相手は調査の専門家だったからです。**ところが、驚くことに分析の前提条件が間違っていたのです。当然、その後の分析、考察は意味がありません。その調査報告会は延期になりました。**

データではありませんが、信頼性を確認しなかったことで、大騒動が起きたことがありました。私は大学時代に材料学を学んでいたのですが、当時の世界最先端の材料研究者は「常温超伝導」を実現する材料を探すことに腐心していました。

超伝導とは、電気を流す際に抵抗が限りなくゼロになり、電気を貯めることができるという将来性のある技術でした。具体的には、様々な組み合わせの材料を混ぜ合わせて、それを焼き（焼結）、それが超伝導の性質が出るのか確認するのです。そのときに海外からの情報で、常温超伝導に成功したという話が流れてきたのです。

日本では、その特殊な材料を購入することができなくなりました。日本中の関係者が、われ先にと購入したからです。その材料を含む様々な組み合わせで他にも常温超伝導を起こす材料を作りたいと「二匹目のドジョウ」を狙ったのです。**ところが、その後、その論文に誤植があり原子名が間違っていることが判明しました。**

常温超電導を研究している最先端の技術者でさえも、データが間違っているとは考えなかったのです。**ぜひデータを見たら、それが本当に正しいのかチェックする習慣を持ってください。**

今回のデータは信頼できるデータであることにしますが、必ず確認する習慣をつけてください。数値の信頼性は、項目を整理する前にもできるのですが、経験から言うとグルーピングしてからの方が確認しやすいことが多いようです。

Business Skill 26 / 合計と平均

判断の目安となるデータを割り出す

さて「グルーピング」「信頼性の確認」を行ってようやく数値を見ることになります。繰り返しになりますが、この2つをするまでは数値に対しての作業や計算をしないようにしてください。「急いてはことをし損じる」なのです。

具体的な話をしていきましょう。数字を確認するといっても、それぞれの数値を見る前に、簡単な計算を行います。

まずは足して合計を出す

まずは「足し算」です。
4エリアの各項目に関して合計数値を出してみます。

「人口」 30万＋40万＋35万＋20万＝125万人
「対象顧客店舗数」 200店＋500店＋350店＋250店＝1300店
「対象顧客売上」 80億＋300億＋100億＋250億＝730億円
「競合企業既取引店舗数」 15店＋50店＋40店＋60店＝165店
「競合企業取引額」 2億＋4億＋3.5億＋2.5億＝12億円
「競合企業営業数」 3名＋5名＋4名＋3名＝15名

これらの数値から何が分かるでしょうか。対象地域A～Dの4カ所合計、つまり対象市場全体のポテンシャル（可能性）が分かるわけです。例えば、対象店舗数は1300店ありますが、競合企業の取引店数は165店にすぎません。つまり1300－165＝1135店とは取引がないのです。大きな可能性がある市場であるといえるのではないでしょうか。

割って平均を出す

さて次は「割り算」です。
「足し算」で出した市場合計の数値を地点の個所A～Dの4で割ることで、4カ所の平均値を出してみます。

「人口」の『平均』　125万÷4≒31万人
「対象顧客店舗数」の『平均』　1300÷4＝325店
「対象顧客売上」の『平均』　730億÷4≒183億円
「競合企業既取引店舗数」の『平均』　165÷4≒41店
「競合企業取引額」の『平均』　12億÷4＝3億円
「競合企業営業数」の『平均』　15÷4≒4人

ここから何が分かるのでしょうか。1つは我々がどこかでビジネスを開始した場合に、どれくらいの可能性があるのかをおよそ類推することができます。つまり営業を4名投入し、41店と取引ができれば、売上3億円程度を見込めるということです。

もちろん、営業所を開設した当初は、もう少し営業力が必要でしょうし、初年度は取引社数も取引額もこの水準までいかないかもしれません。ただし、1つの目安となるデータを入手することができました。

平均数値とA～Dの各数値を比較する

最後に、この平均数値とA～Dの各数値を比較することで、地域選択の目安ができます。平均数値以上の場合を「○」、ほぼ同一の場合を「△」、平均未満の場合を「×」として表現すると、以下のようになります。

「人口」　　　　　　　　A「△」B「○」C「○」D「×」
「対象顧客店舗数」　　　A「×」B「○」C「△」D「×」

「対象顧客売上」	A「×」B「○」C「×」D「○」
「競合企業既取引店舗数」	A「×」B「○」C「△」D「○」
「競合企業取引額」	A「×」B「○」C「○」D「×」
「競合企業営業数」	A「×」B「○」C「△」D「×」

　これだけでも、A~Eの地域に関して簡易的な判断ができます。つまり、「人口」に関しては、多い方が商品を購入してくれる可能性が高いので有利なはずです。「対象顧客店舗数」に関しても同様です。「対象顧客売上」に関しても、売上が高いほうがよいはずです。

　「競合企業既取引店舗数」「競合企業取引額」「競合企業営業数」は市場規模と考えれば大きい方が有利ですし、競合の浸透度合いと考えると低い方がよいはずです。

　つまり市場という観点で考えると、すべて「○」がつくBが候補地になります。しかし、本当にこれで決めてよいのでしょうか。それを引き続き見ていくことにしましょう。

「合計」と「平均」を出す

		地域				合計	平均
		A	B	C	D		
市場情報	人口　　　　　　　（万人）	30	40	35	20	125	31
顧客情報	対象顧客店舗数　　　（店）	200	500	350	250	1300	325
	対象顧客売上　　　（億円）	80	300	100	250	730	183
競合情報	競合企業既取引店舗数(店)	15	50	40	60	165	41
	競合企業取引額　　（億円）	2.00	4.00	3.50	2.50	12.0	3.00
	競合企業営業数　　　（人）	3	5	4	3	15	4

Business 27 Skill / 項目どうしの割り算

数字の意味づけと関連性を探る

　さて、この次は与えられている項目どうしの割り算をしてみます。
　与えられている情報は、「人口」「対象顧客店舗数」「対象顧客売上」「競合企業既取引店舗数」「競合企業取引額」「競合企業営業数」の6項目です。項目どうしを割り算する組み合わせは6×5で30種類必要になります。
　ただし、実際に意味があるのは、そのうちの数個にすぎません。
　どれを選択するかについては、やや経験が必要かもしれません。そこで実際に計算をする前に、項目どうしを割り算した場合に、その式が何を表しているのかを考えてみることにします。
　例えば、「人口÷対象顧客店舗数」と割り算をすると、**『店舗あたり人口』**を表すことになります。1店舗取引を行った場合の店舗のキャパシティ（能力）を比較するのに便利かもしれません。
　あるいは、「対象顧客売上÷対象顧客店舗数」を計算すると、**『店舗あたり売上』**を表すことになります。もしも我々の扱っているサービスが販促や広告宣伝であれば、売上額が大きい方が取引できる可能性も増加しそうです。
　「対象顧客売上÷人口」を計算すると、**『顧客1人あたり店舗売上』**を表すことになります。「顧客の購買力」を示していることになります。
　次に競合企業のデータを使って割り算をしてみることにします。例えば、「競合企業既取引店舗数÷対象顧客店舗数」を計算すると、**『顧客取引率』**を表し、競合企業の浸透度合いを見る指標となります。「競合企業取引額÷競合企業営業数」を計算すると、**『競合営業1人あたり売上』**を表し、競合企業営業の強さを類推することができるのです。
　繰り返しになりますが、様々な組み合わせで割り算が可能ですが、それに意味づけができるものに絞って計算するとよいでしょう。

割り算から具体的に分析する

では、今回の例で具体的な数値を割り算してみましょう。

『店舗あたり人口』
A（1500人）・B（800人）・C（1000人）・D（800人）
平均（960人）

『店舗あたり売上』
A（4000万円）・B（6000万円）・C（2900万円）・D（1億円）
平均（5600万円）

『顧客1人あたり店舗売上』
A（2.7万円）・B（7.5万円）・C（2.9万円）・D（12.5万円）
平均（5.8万円）

『競合企業顧客取引率』
A（8%）・B（10%）・C（11%）・D（24%）
平均（13%）

『競合営業1人あたり売上』
A（6700万円）・B（8000万円）・C（8800万円）・D（8300万円）
平均（8000万円）

　全体のデータを見たときには地域Bがよいように思えました。ところが、項目どうしで割り算をしてみると趣が変わってきました。
　例えば、地域Dは、『店舗あたり売上』は他地域に比べて1.5倍～3倍強ありますが、店舗あたりの顧客数を表す『店舗あたり人口』は800人と低く、『顧客1人あたり売上』は12.5万円と最高額を示しています。

我々の会社の商品が高額で、特定顧客に対して販売することを想定している場合であれば、地域Dは有望な地域であるといえるのです。

ただし、『競合企業顧客取引率』は24％と他地域と比較して高いので、強い商品や強い営業がないと拡販は厳しいのかもしれません。

あるいは地域Aは『店舗あたり人口』は1500人と他地域より多いにもかかわらず、『店舗あたり売上』も4000万円と低く、『顧客1人あたり売上』も2.7万円と低調です。実際、競合企業も苦戦をしているようで、『競合企業顧客取引率』も8％、『競合営業1人あたり売上』も6700万円と最低水準にすぎません。

これらのデータを素直に読み取ると、我々の業界が扱っている商品は、この地域の方には合わないようです。ただし、これは、競合企業の商品が顧客のニーズに合っていないだけかもしれません。これらの定性情報を付加することで、さらに絞り込むこともできるでしょう。

地域Cは不思議な場所のようです。それは、『店舗あたり売上』『店舗あたり人口』『顧客1人あたり店舗売上』など市場情報はよい数値を表していません。ところが、『競合営業1人あたり売上』は8800万円と最高値を示しています。つまり、極めて効率の高い営業活動ができる地域なのかもしれないのです。

項目どうしを「割り算」する

			地域 A	B	C	D	合計	平均
市場情報	人口	（万人）	30	40	35	20	125	31
顧客情報	対象顧客店舗数	（店）	200	500	350	250	1300	325
	対象顧客売上	（億円）	80	300	100	250	730	183
競合情報	競合企業既取引店舗数	（店）	15	50	40	60	165	41
	競合企業取引額	（億円）	2.00	4.00	3.50	2.50	12.0	3.00
	競合企業営業数	（人）	3	5	4	3	15	4
顧客の	店舗あたり人口	（人/店）	1500	800	1000	800		962
	店舗あたり売上	（万円/店）	4000	6000	2900	10000		5600
	顧客1人あたり店舗売上	（万円/人）	2.7	7.5	2.9	12.5		5.8
競合の	顧客取引率		8%	10%	11%	24%		13%
	営業あたり売上	（万円/人）	6700	8000	8800	8300		8000

Business 28 Skill / 情報を付加する

営業利益ベースのシミュレーションで最終判断をする

　さて、ここまでは事前に与えられた情報を加工することで、「出店地域を選択する」という判断をするための情報を計算してきました。具体的には、データの合計値、平均値あるいは既存データどうしで割り算する作業をしてきました。

　ここでは、さらに判断の精度を高めるために、情報を付加したいと思います。

　まず、地域A～Dはどのような場所なのでしょうか？

　ここでは事実情報がないので、便宜的に地域AとDは「ベッドタウン」、地域BとCは「商業地域」としておきます。実際の場面ではホームページや様々なルートから情報を得ることをするわけですが、ここでは、特にこの情報で判断を行うわけではないので、割愛しておきます。

　さて、今回のテーマは地域A～Dで、新営業所を出すのに最適な場所を選ぶことです。「最適」とは何でしょうか。今までは、市場規模や顧客ポテンシャル、あるいは競合状況を見てきました。ただ、**企業の目的は収益ですので、これらの地域に出店して、本当に儲かるのかを確認する必要があります。**

　競合企業のデータを入手するのは困難ですので、シミュレーションしてみることにします。売上データはあるので、必要な費用データを類推します。大きなものは、人件費、経費、一般管理費、そして原価でしょう。現在分かっているのは営業数と売上だけです。実際の競合企業の営業では、営業の管理職もいるでしょうし、庶務業務を行う人なども必要です。

　実際は、自社の数値を参考にして類推するのですが、ここでは簡単に計算するために、人件費、経費、一般管理費を営業の人数あたり1500万円とします。これは上述の管理職や庶務なども含めた数値とします。

そして原価を売上の70%と仮定します。

売上　A（2.00億円）・B（4.00億円）・C（3.50億円）・D（2.50億円）
原価　A（1.40億円）・B（2.80億円）・C（2.45億円）・D（1.75億円）
※原価＝売上×70%
費用　A（0.45億円）・B（0.75億円）・C（0.60億円）・D（0.45億円）
※費用＝1500万円×競合企業営業数
↓
結果、営業利益（売上から原価と費用を引く）で比較すると
↓
A（1500万円）・B（4500万円）・C（4500万円）・D（3000万円）

　このようになります。B地域とC地域に関しては、同一数値ですので、詳細分析を続けることになると思われます。
　いかがでしょうか。**当初はB地域の独走かと思われたのですが、C地域も営業利益ベースのシミュレーションでは同等の数値を示しているのです。**実際の場面では、もっと詳細にシミュレーションを行う必要はあります。ただ、このレベルのシミュレーションでも、詳細分析する価値があるのかどうかを判断することができるのです。
　これまで数表の読み取り方について見てきました。
　最後に流れを確認しておきましょう。

【数字を読み解いていく流れ】
　①数字の羅列は、まず数表にして視覚的に比較しやすいようにする。
　②数表を見たら、すぐに、読み取るのではなく、項目をグルーピングし、表自体に何が書いてあるのかを確認する。つまり何の表なのかを確認する。
　③数値の信頼性を確認する。数値の信頼性が低いのであれば、それ以上考察する必要はない。
　④足し算を行う。横計（行ごとの足し算の合計）、縦計（列ごとの足し算

の合計）を出す。
⑤平均値を出す。横計の平均値を出す。
⑥平均値と各項目値を比較する。
⑦項目どうしを割る。その割り算に意味があるものをピックアップし、計算、加筆する。
⑧定性情報を加筆する。
⑨あなたが知っている定量情報を加筆する。
⑩必要であれば、仮説データを付加し、収益をシミュレーションする。

与えられた情報だけで物事を判断するのがアマチュアの世界。**プロフェッショナルは、与えられた情報に加工を行い、知っている知識を総動員して判断をします。**あなた自身が持つ情報では十分でない場合は、周りの人たちからも付加情報を集めて、判断を行うようにするとよいでしょう。

情報を付加する

		地域				合計	平均
		A ベッドタウン	B 商業地域	C 商業地域	D ベッドタウン		
市場情報	人口　　　　　　　　（万人）	30	40	35	20	125	31
顧客情報	対象顧客店舗数　　　　（店）	200	500	350	250	1300	325
	対象顧客売上　　　　（億円）	80	300	100	250	730	183
競合情報	競合企業既取引店舗数　（店）	15	50	40	60	165	41
	競合企業取引額　　　（億円）	2.00	4.00	3.50	2.50	12.0	3.00
	競合企業営業数　　　　（人）	3	5	4	3	15	4
顧客の	店舗あたり人口　　（人/店）	1500	800	1000	800		962
	店舗あたり売上　（万円/店）	4000	6000	2900	10000		5600
	顧客1人あたり店舗売上（万円/人）	2.7	7.5	2.9	12.5		5.8
競合の	顧客取引率	8%	10%	11%	24%		13%
	営業あたり売上　（万円/人）	6700	8000	8800	8300		8000
競合の	推定費用＠1500万　（億円）	0.45	0.75	0.6	0.45	2.25	0.563
	推定原価 売上×70%（億円）	1.4	2.8	2.45	1.75	8.4	2.1
	推定営業利益　　　（万円）	1500	4500	4500	3000	13500	3400

Business Skill 29 / BSの読み方

企業の安定度を見極める最も重要な指標

　さて、ここからは財務諸表の読み方に関して見ていくことにします。数字の得意でない方は、「財務諸表」というだけで拒否感を持つ方がいるかもしれません。専門的に学ぶと極めて深い知識が必要なのですが、そこは専門書に譲るとして、ビジネスパーソンとして、最低限知っておくとよい情報に絞って説明をしたいと思います。
　まずは、**BS（Balance Sheet＝貸借対照表）**です。BSに慣れ親しんでいない人にとっては、用語が難しいのかもしれません。そこで、最初にBSの構造を見ていくことにします。

BSの基本的構造

　BSは左右と上下で4分類の構造からなっています。まず左右です。右側は資金をどこから調達したのか。「金の出所」を表しています。左側は、その資金が今どうなっているのか。「資産の状態」を表しています。
　右側の上下を見ると、右上部分は**「負債」**つまり、他人から借りた資金です。さらにこの「負債」をすぐに（1年以内に）返却しなければいけない**「流動負債」**、1年以上先の返却でよい**「固定負債」**と上下に分けています。
　そして右下部分は**「資本」**。つまり、株主に出してもらった資金です。これは株主資本と言い、返却の必要はありません。つまり、**BSの右側は、上から金を返す緊急度が高い順に並んでいるわけです。**
　次に左側を見てみましょう。左上は**「流動資産」**で1年以内に現金化できる資産を表しています。左下は**「固定資産」**で事業を行うために必要な機械や土地など通常は現金化しない資産を表しています。**左側も上下は、上から1年以内に現金化できるかどうかで分類されています。**

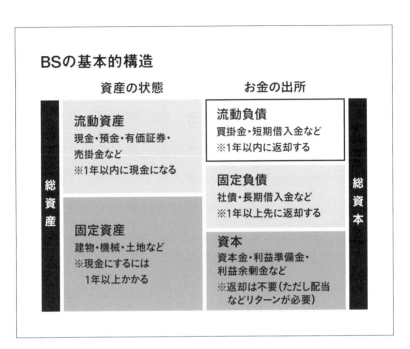

　BSに関しては、これだけを知っていれば、最低限の分析ができるのです。後は、これらの数値を割り算することで、様々な情報が入手できるようになります。それに関して確認していきましょう。

BSから企業の「支払能力」を類推する

　まずは、この企業の「支払能力」を確認してみます。先ほど右上にある「流動負債」とは1年以内に返却しなければいけない資金であると言いました。これを返却できなければ不渡りとなり、2回繰り返すと**倒産**です。
　「流動負債」を返却する原資は、左上にある「流動資産」です。これは1年以内に現金化できる資産です。これが返却原資になるわけです。
　両者の比、つまり割り算の値（流動資産÷流動負債）を「流動比率」といい、企業の支払い能力を表現しています。例えば流動資産が80億

円、流動負債が45億円であれば、流動比率は80÷45＝178%となります。

つまり1年以内に返却が必要な「流動負債」に対して、1年以内に現金化が可能な「流動資産」が1.78倍あるということです。**一般的に、支払能力を示す「流動比率」は150%以上がいったんの目安である**といわれていますので、178%という数値は十分合格ラインです。

BSから企業の安定度を分析する

次は企業の安定度を見てみましょう。これはBSの右側で判断します。「負債（流動負債＋固定負債）」は返却が必要な他人の資金です。一方「株主資本」は返却が必要ではありません。

返却が必要な資金の割合が多いと企業は不安定になるので、全資本（負債＋株主資本）に対する株主資本の割合を自己資本比率といい、50%以上が目安であるといわれています。例えば、全資本が130億円で、株主資本が75億円であれば、自己資本比率は57.7%となり安定圏内といえるでしょう。

もう1つの安定性を見る基準として、BSの左右の下部分どうしを比較する方法もあります。左下にある「固定資産」は事業運営をするために不可欠な機械設備や土地などです。これを返却が必要な右上の「負債」で賄うと経営が安定しないわけです。そこで、**「固定資産」を分子として分母を「株主資本」としたものを「固定比率」と言い、100%以下を1つの目安としています。**

また分母の「株主資本」に「固定負債」を加えて、少し基準を甘くしたものを**「固定長期適合率」**と言い、100%を切ることが求められています。

複数のBSを比較する方法

最後に複数のBSを比較する方法を紹介しましょう。

複数のBSとは、同じ企業の数年前と比較する場合や、同業種で比較する場合などです。これは、BSの左右をそれぞれ構成比にすることで容易になります。

数値を構成比にすることで、今回紹介した「流動比率」「自己資本比率」「固定比率」「固定長期適合率」なども、視覚的に把握することができるようになります。少し作業が必要ですが、有効な方法ですので、BSを見る際に実施されるのをお勧めします。

数値を構成比にする

	左側 今どうなっているのか「資産の状態」		金の出所 右側		
1年以内に現金化できる	流動資産	80	流動負債	45	他人から借りた
	現金、預金等	40	借入債務	15	
	売上債権等	20	短期借入他	3	
	棚卸資産等	20	固定負債	10	
事業に使う資産	固定資産	50	(株主)資本	75	株主が出した
	有形固定資産	30	資本金	30	
	無形固定資産＋投資	20	準備金＋余剰金	45	

(億円)

構成比を変えると

流動資産 61.5%	現預金	30.7%	借入債務	11.5%	流動負債 34.6%
			短期借入他	23.1%	
	売上債権等	15.4%	固定負債	7.7%	固定負債
	棚卸資産等	15.4%	資本金	23.1%	株主資本 57.7%
固定資産 38.5%	有形固定資産	23.1%	準備金＋余剰金	34.6%	
	無形固定資産＋投資	15.4%			

流動負債：1年以内に返却が必要
固定負債：1年以上先に返却が必要

Business 30 Skill / PLの読み方

企業としての「強さ」が浮き彫りになる重要指標

次はPL (Profit and Loss statement＝損益計算書) について見ていきましょう。当期中にどれだけ収益があって、どれだけの費用がかかったのか、そして費用を差し引いて利益がいくら出たのかを示しているのがPLです。PLでは5種類の利益を表記しています。

まずは、これを順に見ていくことにしましょう。

①売上総利益（粗利）・・・売上高－売上原価
②営業利益・・・・・・・・売上総利益（粗利）－販売費及び一般管理費
③経常利益・・・・・・・・営業利益＋営業外収益－営業外費用
④税引前利益・・・・・・経常利益＋特別利益－特別損失
⑤当期利益・・・・・・・・税引前利益－法人税・住民税・事業税

これだけでは説明不足ですね。
それぞれの「利益」の意味を見ていくことにします。

利益を出す力があるのかを示す「売上総利益」

まずは①**売上総利益**からです。これは「売上高－売上原価」として表されています。売上高とは、その会社の本業によって得た収益のことです。商品やサービスを提供した対価として得た販売代金や報酬のことです。ただし、使用していない土地（遊休資産といいます）を売却してお金を得たとしても、その会社が不動産会社でない限り、不動産売買は本業ではないので、収益には含みません。これに関しては④税引前利益で説明します。

売上原価とは、製品を製造するために使用した費用のことです。詳しくは、売上原価＝期首棚卸高＋当期製造原価－期末棚卸高として表現さ

れますが、通常はここまでの知識は不要でしょう。

さて、この①売上総利益は、一般的には「粗利」と呼ばれ、製品に利益を出す力があるのかを示しています。**売上総利益÷売上で表される粗利率**は、同業界では同水準になる傾向がありますので、同業間での比較に便利な指標です。

本業での収益力を表す「営業利益」

次は②**営業利益**です。これは「売上総利益－販売費及び一般管理費（販管費）」として表されます。販管費とは、製造以外にかかるすべての費用を1つにまとめたもので、営業費用、本社費、研究費、運送費などが含まれています。この②営業利益は**「本業利益」**と呼ばれることもあり、企業の本業での収益力を表す重要な指標となります。

また、販管費の内訳を見ることで、営業、研究、本社のどこに費用を使っているのかという会社の方針を見ることができます。

会社の実力を計る「経常利益」

③**経常利益**は、②営業利益に本業以外で得た収益を加えて、同様に本業以外でかかった費用をマイナスしたものです。

例えば、銀行からの受取利息、株式などの受取配当金などが、営業外収益の代表的なものです。また、銀行からの融資に対する支払利息などが営業外費用の代表的なものです。③経常利益は、会社の実力を比較する際に最も重要な指標です。**特に経常利益÷売上で表現される「売上高経常利益率」**は、会社の収益力を判断する際の重要な指標の1つです。

税引前利益

④**税引前利益**は③経常利益から臨時に発生する特別損益を加味した数値となります。例えば、土地、建物、機械などの売却損益、有価証券

（株など）の売却損益、災害発生による損失などが代表的なものです。ただし、一般企業が収益を得る目的（運用目的）で売買した証券の売買損益は、営業外損益に含まれます。

　④税引前利益は、企業の恣意的な会計上の損益処理が含まれます。例えば、昨今よく話題にあがる、「不良債権処理」をどの年度で実施するのかなどは、企業の会計戦略に依存する部分が極めて強いのです。ですので、この④税引前利益で企業を評価するには、これらの特殊事情を加味して見なければなりません。

　そして、④税引前利益から法人税、事業税、住民税などを除いたものが⑤**当期利益**になるわけです。

本業の強さは「売上高営業利益率」で、会社の強さは「売上高経常利益率」で比較するとよいでしょう。

PLの重要な「利益」のポイントはこれだけです。

PLの構成比を比較する

　さらにPLも構成比で見ることで様々なことが分かります。これはBSで行った方法と同じです。構成比にすることで、複数年度のPLを比較し、上述の「売上高営業利益率」や「売上高経常利益率」の推移を視覚的に把握することができます。

　同様に同業内の優良企業など、ベンチマークすべき企業のPLの構成比と比較することで、企業の課題を浮き彫りにすることができます。つまり、利益率の差が、どの費用の差異に起因しているのか分析することができるのです。

PLで分かる5つの利益

情報

	売上高	3000	100%
−	売上原価	2100	70%
	①売上総利益(粗利益)	900	30%
−	販売費・一般管理費	600	20%
	②営業利益	300	10%
±	営業外損益	60	2%
	③経常利益	360	12%
±	特別損益	30	1%
	④税引前利益	390	13%
−	税(法人、住民、事業)	180	6%
	⑤当期利益	210	7%

(百万円)

本業の強さ……②営業利益÷売上高
会社の強さ……③経常利益÷売上高

Business Skill 31 / CFの読み方

企業の台所事情が明らかとなる重要資料

BS、PLに次いで第三の財務諸表が**CF（Cash Flow statement＝キャッシュフロー計算書）**です。特にデフレ下では威力を発揮するのが、このCFです。

かつての日本はPL至上主義でした。売上を上げ、利益を上げさえすれば、事業運営に必要な資金は銀行が面倒を見てくれました。ところが、不況になり、銀行の態度が変わりました。新たに融資してくれないだけではなく、融資済みの資金まで**「貸し剥がし」**と称して回収しようとしてきたわけです。

すると企業は自前でキャッシュを確保する必要があります。それができないと、利益が出ているのにキャッシュがないという**「黒字倒産」**に陥るのです。つまり、PLで示されている利益とCFが示しているキャッシュは合致しないのです。

黒字倒産が起きる理由① 商習慣

どうしてこのようなことが起きるのでしょうか。主な原因は2つです。**1つは「掛け取引」などの商慣習によるものです。**実際のビジネスの場面でのお金のやりとりを考えてみると理解できると思います。

顧客が商品を購入してくれました。販売企業は商品納品時に請求書を購入先企業に送付します。この段階で販売企業は、PL上では、売上を立てます。ところが、実際の購入先企業の支払いは、購入企業内で請求書の処理をして、1カ月後（あるいは手形などで、数カ月先）に支払われます。つまり実際のキャッシュインは、PLで売上を立てた時期よりも後になるのです。1カ月～数カ月後に代金回収によりキャッシュ化できるのです。

売上は数千万円あったとしても、それが手形や支払いサイトの問題で

キャッシュ化できない間に、数千万円の支払いがあったとします。従来であれば、売上をキャッシュ化するまでの間、銀行が「つなぎ融資」として、企業の運転資金を貸してくれることがありました。しかし、こんな資金コントロールができない企業に**「つなぎ融資」**をしてくれません。すると結果として「黒字倒産」となるのです。

黒字倒産が起きる理由②　会計ルール

もう1つは会計ルールによるものです。

　例えば「減価償却」などが典型的な例です。「減価償却」とは、例えば6000万円かけてシステムを構築したとします。キャッシュアウトとして、実際の支払いは、システム構築した年に6000万円を支払います。つまりキャッシュとしては▲6000万円がキャッシュフロー計算書に計上されます。

　ところが、このシステムは今年だけ使用するわけではありません。そこで企業会計の考え方では、6分の1だけを今年度の費用と考え、PLに計上します。残りの価値部分をBSの資産として計上しておき、毎年時間の経過とともに、PLの費用として処理します。

　つまり、PL上では、2年目以降、実際にはキャッシュアウトしていないのですが、費用が使用された形になっており、結果として利益が減って見えるのです。もちろん初年度は逆に、キャッシュアウトしているのに、6分の1しかPL上は費用処理していないので、実際のキャッシュに比べて利益が増加して見えるのです。ここで大きな支払いがあると、黒字倒産することがあります。

お金の状況を如実に表すCF

　CFは実際のお金の状況が分かる、とても重要な財務諸表です。ちなみにCFでのキャッシュは、実際の現金（外貨含む）だけではなく、普通預金、当座預金、通知預金や小切手および期間が3カ月以内の定期預

金も含みます。つまり、本当の「現金」だけではないことは小ネタとして知っておいてください。

またCFは上下に3つに分けて内容を表記します。1番上が**営業キャッシュフロー**といい、企業本来の業務から生み出される現金のことです。実際の作成方法は、間接法と言って、PLとBSの非キャッシュ項目を増減して計算します。ここでは、その計算方法を説明するのは本論ではないので、専門書に譲ることにします。

2番目が**投資キャッシュフロー**です。ここからは新規事業や設備投資の状況を読み取ることができます。つまり、設備投資のキャッシュの出入りや、子会社への投資、他企業への資本参加のキャッシュの出入りが分かります。

3つ目が**財務キャッシュフロー**です。キャッシュの不足をどのように調達したのか、キャッシュの余剰をどこに回したのかが分かります。つまり、借入金の実行や返済、社債の発行や償還、株式の発行などでキャッシュがどのように増減したのかが分かるのです。

売上を効率的にキャッシュ化できているかを測る

最後にキャッシュフローを使って収益性を見る代表的な指標を1つ紹介しましょう。「キャッシュフローマージン」と呼ばれ、**営業キャッシュフロー÷売上高**で表現されます。これにより売上を効率的にキャッシュ化できているかを見ることができます。

この数値は売上が上がっても顧客からの支払い期間が長引くと悪化します。また売れていない在庫が増えても悪化します。企業を判定する場合には、この数値にも着目することをお勧めします。

Business Skill 32 / 顧客分類

「顧客」を知ってこそはじめて戦略が立てられる

　次は、顧客の分類を見ていくことにしましょう。顧客を分類するなどというと昔の人に「お客様は神様である」と怒られるかもしれません（分かりますか？）。

　しかし、実際には**企業の利益の80%は取引額の大きい20%の顧客で作られている**というというケースもあります。取引額の低い20%の顧客は、利益が小さいどころか赤字を生み出しているのです。顧客の分類は顧客属性などでも可能ですが、ここでは、**顧客の取引履歴**という数値での分類の仕方に関して見ていきましょう。

顧客分類① 取引額で分類する

　顧客分類の1つ目は、取引額で顧客を分類することです。誤解をして欲しくないのは、取引額の低い顧客をないがしろにしてよいという話ではありません。もしも取引額が100万円の顧客と1000万円の顧客がいたら、前者には100万円の価値を提供し、後者には10倍の1000万円の価値を提供すればよいということです。

　ただ自分自身が営業時代に悩んだのは、顧客の予算が100万円で、そのすべての予算をいただいている顧客と、予算1000万円のうち200万円だけいただいている場合です。営業戦略的に考えると、200万円の顧客を大事にして、残りの予算もいただけるようにするのが正しいのですが、予算全部をリクルートに賭けてくださった顧客に対しては、100万円以上の価値を提供しようと汗をかいたものでした。これは営業のスタンス（大事にすること・考え方）によるでしょう。

顧客分類②　取引品数で分類する

顧客分類の2つ目は取引品数での分類です。一般的に、同じ取引額であれば、取引品数が多い顧客の方が、関係性の維持は容易です。昨年度の取引品数や商品群などで顧客を分類し、取引品数の少ない顧客に対して、取引品数が増加するようなマーケティング戦略を考えるとよいでしょう。

顧客分類③　売上を分解して分類する

顧客分類の3つ目は、売上を単価×数量に分解した分類です。取引額を上げることを考えた場合に、取引単価を上げるか、取引品数を増加させるかでマーケティング戦術は異なります。

取引単価を上げるのであれば、従来よりも高機能の商品を営業するか、従来の値引率を見直すなどが考えられます。一方、取引品数を増加させるのであれば、従来よりも低単価でリピート（継続）が容易な商品を営業すればよいでしょう。

顧客分類④　新規顧客と既取引顧客に分ける

4番目の顧客分類は、顧客を新規顧客と既取引顧客に分けて考えるパターンです。商品特性によりますが、売り切り商品でない限り、新規営業と既取引顧客へのリピートやクロスセリング（従来取引のない商品営業）の両方を行わなければなりません。

好況期には既取引顧客への売上拡大によって業績の担保が可能でしたが、デフレ期では、既取引顧客からの取引だけでは、売上拡大は見込めません。新規顧客の開拓が重要なのです。

例えば求人情報では、常に一定以上の新規開拓が必要不可欠です。これは、求人企業の業績担保という意味でもそうなのですが、利用する個

人から見て「いつも同じ会社の求人だけが載っている」となると支持を失ってしまうからです。

つまり、ある一定以上の新規顧客との取引を維持していることが、業績の安定性にも利用者の支持担保にも重要なのです。

顧客分類⑤　RFMで分類する

5つめはRFMという考え方です。これはあるカード会社で、どの顧客に販促活動をすればよいのかを検討した際に出てきた考え方です。

ある人は、**最近いつ利用したのか（Recency）**が重要だと言います。ある人は、**取引頻度（Frequency）**が重要だと言います。ある人は**取引額（Monetaly Volume）**だと言います。3人とも自説を曲げないのです。

そこで、どれが有効なのかを確認してみようという話になったのです。結果はというと、Recencyが最近で、Frequencyが多く、Monetaly Volumeが大きい顧客の取引リピート確率や取引期待額が大きかったのです。つまり3つの項目の重ねあわせが重要なのです。

かつて自分自身で分析した際に、求人関係のメディアでも同様の傾向が出ました。つまり、この考え方で、次に取引を行う可能性の高い顧客を特定できたというわけです。

この考え方によって、このカード会社は、販促活動のコストを最小限にしながら、最大の売上を上げることに成功したそうです。つまり投資に対するROIが向上したわけです。

顧客分類方法を数例あげてみました。自社の取扱商品やサービスに照らし合わせて有効な手法を参考にしてみてください。

Business Skill 33 / 損益分岐点とその下げ方

利益体質になるための必須知識

損益分岐点（Break Even Point＝BEP）というのを聞いたことがありますか。商品やサービスを販売する際に、利益と損益のちょうど真ん中のポイント、つまり利益＝0のポイントになる売上高や販売した個数のことです。これ以上の売上や個数を販売することができれば、黒字になるわけです。

ですので、担当している商品やサービスの損益分岐点を把握しているのは、イケてるビジネスパーソンの必須条件の1つといえるでしょう。

損益分岐点とは？

今回はまず、この損益分岐点の把握の仕方を確認しておきましょう。損益分岐点は、グラフにして表現するととても分かりやすくなります。縦軸に金額、横軸に販売数量のグラフを作ります。ここに3本の直線グラフを引きます（右図参照）。

1つは**売上**のグラフです。売上のグラフは、金額0、販売数量0の2つの軸の交点から右斜め上に増加していきます。グラフの傾きが製品を1つ販売した場合の売上、つまり単価にあたります。残りの2本はコストのグラフです。1つは固定費、もう1つは変動費の線です。

固定費は、製品が売れても売れなくてもかかるコストです。従業員の給料、減価償却費、広告宣伝費、オフィス代などが代表的なものです。損益計算書の「販売費および一般管理費（販管費）」にあたるものです。

もう1つのコストが**変動費**です。製品を製造する、販売するごとに比例して増えるコストです。材料費や原価、配送費などです。損益計算書の「売上原価」にあたるものです。

固定費は売上に関係せず一定ですから、売上グラフのある部分から横軸（販売数量）に平行に横に伸びていきます。変動費は固定費と縦軸

（金額）の交点から斜め右上に伸びていきます。全体のコストは固定費＋変動費で表されます。

販売数量が少ない個所では、売上のグラフよりも、全体コストのグラフの方が上にあります。つまり売上―コストがマイナスになっているわけです。いわゆる利益がマイナス、赤字の状態です。

そこから順にグラフを右に見ていくと、**売上グラフと全体コストのグラフが重なる点があります。ここでは売上＝全体コストですので、利益が0となります。このポイント**が**損益分岐点**です。

この損益分岐点における縦軸の売上が損益分岐点売上高、横軸の個数が損益分岐点販売個数です。この売上高、個数以上売れば利益が出るのです。グラフでいうと損益分岐点よりも右側の部分です。売上―全体コストがプラスになっています。これが利益、つまり黒字になっている状態です。

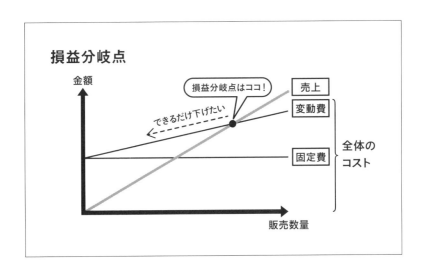

損益分岐点の下げ方

経営者は、この損益分岐点をできるだけ下げたいと考えています。損

益分岐点が下がるということは、より少ない売上、販売数で黒字になるということです。より利益体質だということです。

誰でもそうなりたいですよね。

損益分岐点はどうすれば下げることができるでしょうか。**グラフでいうと損益分岐点が下がるとは、売上と全体のコストの交点が左側にずれることを意味します。交点が左側に移動すると、自然と交点は下側に動くのが分かると思います。**

ここには3つのグラフがあります。ですので、この3つのグラフをそれぞれ変化させることで損益分岐点を下げることができます。当然、その組み合わせで実行すればさらに効果があります。

具体的な方法を考えていきましょう。まずは売上グラフ。**この売上グラフの傾きを大きくすると損益分岐点は左側に移動します。**傾きは製品の1個当たりの単価を表しています。つまり単価を上げればよいのです。製品の正価を上げる、つまり値上げをすることが王道ですが、値引きを改善することでも単価は上がります。これらにより売上グラフの傾きを大きくすればよいのです。

次はコストです。**固定費のグラフは、文字通り固定費を下げればよい**のです。固定費を下げることができれば、損益分岐点は下がります。

同じく変動費のグラフは、傾きを小さくすればよいのです。1つの製品を製造・販売するコストを下げることができればよいのです。

つまり、製品の単価を上げる、固定費を下げる、変動比率を下げればよいのです。

これをその製品に携わる全従業員が知っていれば、その製品の利益体質は向上します。営業担当は安易な値引きをしなくなります。これにより売上単価が上がるのを知っているからです。広告担当は効率的な広告を志向して、固定費を下げようとします。物流担当はより効率的な運転をすることでコストを下げて、変動比率を下げようとします。

従業員全員が利益志向で、さらに損益分岐点を下げようとする組織はかなり強い組織ですね。みなさんの組織や製品はいかがですか。

第 4 章

思考と行動の
ルーティンを
変える

Changing the Routines of
Thought and Action

社会人生活を陸上競技にたとえると、それは短距離走ではなく、長距離走です。新入社員のころ、理工系出身の私は、文系出身で弁が立つ同期生に圧倒された記憶があります。そしてスタートダッシュに成功した人たちが何人もいました。もちろん、そのうちの何人かは、30年経った現在でもその勢いを維持しつづけてトップグループを形成しています。

　ところが、そのうちに勢いが消えていった人も少なくありません。一度消えたのかと思っていたのが、また華々しく復活してくる人も何人もいます。何が違うのでしょうか。

　それは常日ごろの努力の積み重ねの差のようです。傍(はた)から見ると単なるラッキーに見えるのですが、成功する人は、日々様々なことに興味を持ち続けて、情報を収集し、分析し、能力の向上をし続けています。

　本章では、一見些細(ささい)なのですが、常日ごろ気をつけることで、長距離を走ると大きな差が出るポイントをまとめてみました。

　この章は次のような方に役立つと思います。

☑ 数年後にキャリアアップできているのか不安な人
☑ 毎日努力はしたいけれど、その仕方がわからない人
☑ 継続は力だと思っている人

　この章には、これらを解決するための10の原理原則（ヒント）が載っています。

㉞ 新聞・雑誌・インターネットからの情報の取り方
㉟ SNSからの取引先情報の取り方
㊱ ギブ・アンド・テイクの本質
㊲ やりたいことを言い続ける重要性
㊳ エンパワーメントの引き出し方
㊴ 常にROIを意識する必要性
㊵ 105%の面談と95%の面談の大きな違い

㊶ 3つの読書術
㊷ GTR思考法
㊸ 習慣の力

　順に読んでもよいですし、もちろん興味のあるタイトルだけ飛ばし読みしてもOKです。

> Business
> 34
> Skill

新聞・雑誌・インターネットからの情報の取り方

周囲より一歩抜きん出た「情報の読み方」

　新入社員の1月に技術職から営業職に異動になったときのことです。異動先は、企業の新卒採用支援をする部署でした。その異動初日のガイダンスで、M企画課長（後のJリーグチェアマン）がおっしゃいました。**「我々の仕事では、大学生の気持ちを把握しておくことが重要です。そのために大学生が読んでいる雑誌（つまりマンガ）はすべて読んでください。仕事ですので、全ページです」**。

　素直であった私は、早速その日から実践しました。営業時代は、大学生が読む雑誌の上位10誌は、必ず全ページ目を通しました。そのことで2つのことに気づいたのです。1つは、読み始め当初は、私も大学院を卒業して初年度でしたので25歳。まだ、そんなに大学生と年も離れていないので、雑誌やマンガを読むことが苦痛ではありませんでした。ただ電車の中でマンガを読む罪悪感が少しあったくらいでした。

ターゲットのフレーズや表現を事前に探る

　ところが、年を経るごとに、面白さがまったく分からないマンガが増えてきたのです。私の感性からいうとまったく面白くないのです。しかし、私が面白くないと思うマンガが、学生の人気ランキング上位なのです。私にはまったく分からないマンガが、大学生からは極めて高い評価なのです。世代間でのギャップを体感しました。これはとてもよい経験でした。

　これ以降、講演を頼まれたとき、企画書を作るとき、ターゲットとなる人々がよく読む雑誌を事前に読む習慣ができました。**これにより、その人たちに伝わる「フレーズ」や「表現」を事前に知っておくことができるのです。**これはBusiness Skill 14の「TCMEの整合性」で触れた「E：Expression　表現」の重要性を体感したきっかけになりました。

複数のニュースソースを読む重要性

もう1つ気づいたのは、**同じ内容なのに雑誌によって表現が違うこと**です。芸能人に関しての評価や、音楽や映画に対しての評価が180度違うことがあるのです。これは雑誌に限らず、新聞でもそうです。同じ政治家の発言に対して、考察がまったく異なるのです。

「川は両岸から見て川」という言葉があります。川の景色を片側から見るのと、反対側から見るのとでは、大きく異なるケースがあるという意味です。転じて、**ある事象に関しての意見を片側から聞くだけでは不十分で、反対意見にも耳を傾けるべきである**という戒めです。

毎日、複数のニュースソースを読み続けるのは大変です。私自身も自宅で読む新聞は「日経新聞」だけです。しかし、重要な事項に関しては、CNNや他の新聞アプリで確認をするようにしています。そして、その解釈の違いに愕然とすることがあります。これをしないと、知らず知らずのうちにその特定のニュースソースの論調に洗脳されてしまうのです。

他の意見も知りながら、その意見を信じるのはよいのですが、1つの意見しか知らずに、それに凝り固まってしまうのは、判断を誤る第一歩といえるでしょう。

つまり、**1つの情報源に頼ってはいけない**ということです。

最近はネットによるFAKE（偽）ニュースも氾濫しています。これらに騙されないようなニュースリテラシーが必要です。これを防ぐためにも複数のニュースソースで確認する習慣は重要です。

2つの事象の関連を疑う

新聞といえば、とても悔しい思いをしたことがあります。これもメディアに接する際の参考になると思いますので、恥をしのんで紹介します。

私が営業から企画部門に異動したときのことです。出社後は、円相場をいつも確認していました。円高になると、輸出を行っているメーカーの業績が悪くなり、採用を抑制するので、私の属していた組織の業績が悪化する可能性が高いのです。毎日円相場をチェックするのが日課になっていました。
　いつものように新聞に目を通していると、突然事業部長が後ろから声をかけてきました。

「中尾、今後『円』は上がると思うか、下がると思うか」

　その問いに対して、私は、必死に考えたのですが、答えは見つかりません。正直に「よく分かりませんが、円安になってほしいと思っています」と回答しました。すると事業部長は「円安になるよ」と言うのです。
　私には、なぜ事業部長が断定的に「円安」と言うのか分かりませんでした。事業部長が「円安」と判断したその理由を確認せずにはいられませんでした。すると事業部長は笑いながら、別のページにあった日銀総裁のコラムを指差したのです。
　そのコラムは、仕事のスタンスに関しての話でした。私も目を通していましたが、内容について記憶に残っていませんでした。「円がどうなるのかをこのコラムから読みとれ」と指示を受けてこの記事を読めば、確かに円が安くなると読み取れないことはないニュアンスのことが書いてあったのです。しかし、その表現は微妙で、読み飛ばしてしまいそうなものでした。
　そうなのです。**同じ新聞に目を通したのに、2つの事象を別のものとして連携を考えもしなかった私と、2つの記事を統合することで円安になりそうだと判断できる情報を入手できた事業部長**。その差を目の当たりにして、とても悔しい思いをしました。
　それ以降、気になる記事、知りたい情報に関しては、常に関連がないか考える癖がつきました。すると驚くほど、関連づけられるのです。
　これも簡単ですが有効です。ぜひ習慣にしてみてください。

Business 35 Skill / SNSからの取引先情報の取り方

商談ミーティングは「事前準備」が勝負の分かれ目

営業のテクニックで**アイスブレーク**というものがあります。これは文字通り「氷を溶かす」という意味で、初対面の顧客との「緊張感」＝「氷」を溶かすということです。

アイスブレークのテクニックとして「ラポールを築く」という方法があります。これは共通の話題を見つけて、それを話題にすることで、アイスブレークするというものです。

例えば、同郷、同窓などが分かりやすい例でしょう。共通点を見つけるのは事前準備が重要です。関西出身の私は、東京にいて関西の話になると少し嬉しくなります。ましてや地元の摂津市（大阪府で一番小さい市です）の話題になれば、思いっきり食いついてしまいます。

私自身も初対面の方と会うときは、可能な限り事前情報を集めてラポールのネタを探します。会社の情報、個人の情報の2つの観点で集めるとよいでしょう。

企業の公式ホームページは情報の宝庫

まずは会社の情報についてホームページをチェックして確認しましょう。押さえておくのは、会社が掲げている方針や戦略のキーワードです。上場企業であれば、IR情報の中に株主総会の決算説明資料や中期経営計画資料があります。パワーポイントや映像で分かりやすくまとめられているので確認しておきます。そこに今年あるいは3カ年計画のキーワードが載っています。そこを読むと大きな戦略が理解できます。

かつてスーモカウンターを担当している際に、とある大手ショッピングセンターへの新規出店を検討していました。ショッピングセンター運営会社のキーワードは「中国」「シニア」「金融」でした。

スーモカウンターのお客様は新築マンションや注文住宅を検討されて

います。住宅ローンを検討されます。「金融」という戦略と接点がありそうだと仮説を立てることができます。実際、金融部門の方々と接点を持ち、出店を後押ししていただけました。

企業のホームページでは企業の沿革もチェックしておきましょう。企業の歴史の中に、その会社が大事にしていることを見つけることができます。

最後は、役員の情報です。1つは社長の年頭所感などの情報です。非上場企業では、上述のIR情報の代わりになる情報です。加えて役員のプロフィールを確認します。そこには主な略歴が載っています。ここで大学や過去の在籍企業で自分自身と接点がないかをチェックします。

会社のホームページは情報の宝庫です。積極的に活用しましょう。

個人情報を事前に調べる

個人の場合は、Google、Yahoo検索のほか、各SNSなどで情報収集しましょう。Facebookで共通の友達を確認する、投稿している記事を確認することで共通点を見つけることができます。

最近は情報発信をするメディアが増えましたので、本を書いたり、記事を書いたりしている人もたくさんいます。このような記事や本は必読でしょう。ただ、本だと時間がなくて読めないこともあります。その際はAmazonなどのレビューに目を通しておきます。高評価のレビューと低評価のレビューの両方を見ておいて対比しておくとよいでしょう。

名刺から情報を得る方法

ただ、必ずしも、事前に情報収集できない場合もあります。その場合に最後の方法として**「名刺を見て質問をする」**方法を紹介します。

この方法は、私が営業時代に実際に使っていたもので、リクルートの新人向けの研修で何度か話をしたことがあります。**名刺を見て、質問をすることが習慣化すると、ラポールネタを発見するだけではなく、相手**

に興味を持つ習慣がもれなくついてきます。

　一番簡単なのは**「名前を確認する」**ことです。誰でも自分の名前には思い入れがあります。読みにくい漢字などは特にそうです。名前の由来などを聞くと話が弾むことが多いです。あるいは、出身などを尋ねると、「○○県に多いのですが、30人しかいない名前です」などと盛り上がることも少なくありません。

　名前について特に質問するところがない場合は、次は**社名の由来やロゴやデザイン**などに着目してみます。これらについては、各社とも思い入れがあります。この手の話も盛り上がることが多いです。

　これもダメな場合は、**住所**をチェックします。その住所周りのことを話す、あるいは訊くことで話が盛り上がることもあります。

　ただし、名刺情報での質問は最後の手段です。あくまでも事前の情報収集を行うようにしてみてください。

Business Skill **36**

ギブ・アンド・テイクの本質

営業担当と顧客のズレはどこにあるのか？

　営業マネジャー時代に不思議なことに気づいたことがあります。ある営業担当が、私に報告をしてくれました。

「A社にはいつも情報提供を行っていて、担当者から感謝されているので、次の採用の際は、必ずリクルートに発注が来ます」

　ところが、その報告があった数週間後、この顧客は、リクルート以外の求人メディアで募集活動を開始しました。営業担当は、A社に理由を確認しに行き、その結果を私に報告してくれました。「A社は、今回は予算が限られていて、リクルートには頼めなかったそうです。次回は必ずリクルートに発注すると言ってくださっています」。
　しかし、「次回リクルートに発注する」は、**この営業担当がこの顧客を担当している間には実現しませんでした。**

なぜ、その営業担当は受注を獲得できないのか？

　このようなことが起こるのは、A社だけではありませんでした。B社に対しても、このリクルートの営業は足しげく通って情報提供していたのです。ただ、先ほどのA社とは異なり、この顧客は、リクルート以外に発注するようなことはありませんでした。しかし、リクルートにも発注してはいただけませんでした。
　この営業担当は、私に虚偽の報告をしたのでしょうか。結果だけを見れば、虚偽の報告なのですが、彼自身は、そのようなつもりはまったくありません。一生懸命、顧客のために資料を作成していました。
　本当は顧客に情報提供していなくて、私には「やっている」と虚偽の報告をしていたのならば、問題は簡単です。それを是正すればよいだけ

の話です。
　ところがそうではないのです。どこに原因があったのでしょうか。

Giveしても満足してくれない顧客

　実は、この原因を探る中で、一般的に言われている「ギブ・アンド・テイク（Give&Take）」の本質を理解できました。言い古された話ではありますが、コミュニケーションの基本は、この「ギブ・アンド・テイク」です。これをコヴィー博士の提唱する「7つの習慣」では**「Win-Win」**と表現します。両方とも同じことを表現しています。
「Give&Take」は「与えて」「もらう」。つまり両者とも得をします。「Win-Win」は、両者とも「勝っている」状態。つまり「満足している」状態がよいと言っているわけです。
　片一方が我慢して損をする「Win-Loose」あるいは「Loose-Win」の状態や、双方が損をしている「Lose-Lose」の状態はよくないと言っているわけです。
　実は、ここに先ほど例示した営業の課題が隠されていたのです。営業担当は「一生懸命資料を作成し、顧客の役に立っている」と思っていました。つまり、顧客に対して「Give」していたつもりだったわけです。当然、顧客は「満足している」と考えていたわけです。
　ところが、A社は資料を受け取っていたのは事実ですが、その資料のレベルでは、全然満足していなかったのです。つまり、「Give」されているとは思っていないのです。そうであれば、当然、営業担当は「受注」という「Take」などできるわけがないのです。

なぜ、A社は満足しなかったのか？

　これには2つの理由があったようです。1つは、前述のように単純に資料のレベルが低かったからです。つまり資料に対するQCDがA社と営業担当の間でずれていたのです。

もう1つは、そもそも発注側には、「営業から、何かをやってもらって当然である」という傾向があることでした。営業が資料を作成してくるのは、営業活動の一環であり、特別恩義を感じる話ではないと考えていたというわけです。営業経験がない人が顧客窓口である場合は、特にその傾向が強いようです。

　では、B社の場合はどうだったのでしょうか。B社は営業からの資料に満足していました。実際に感謝もしていました。しかし、リクルートに発注するための採用ニーズがなかったのです。つまりビジネス上、Giveする相手ではなかったのです。

　私はこの2社の事例を通じて、「ギブ・アンド・テイク」の本当の意味が分かりました。1つは、**顧客との関係は「Giveを複数して、やっと顧客にGiveがあったと認識をしてもらえるくらい困難なことである」**ということ。つまり正確には「Give& Take」ではなく、「Give& Give& Give& Give……&Take」なのです。

　2つめは、こちら側が一定期間（私のいたリクルートでは1年間）、Giveをしたつもりなのに、発注いただけない場合は、次のどちらかの理由によります。

①**こちらはGiveしたつもりでも、顧客はそう思っていない**（上述A社のパターン）。
②**顧客にニーズがない**（上述B社のパターン）。つまり、ターゲティングのミスです。

　これらの背景を理解した上で、「ギブ・アンド・テイク」を実践することをお勧めします。

Business 37 Skill / やりたいことを言い続ける重要性

成功する人・プロジェクト・企画の条件

　成功した企業の創業者に成功の理由についての話を伺うと、「それをするのが私の使命＝つまりやりたかった」ということと、「成功するまであきらめなかった」というのが共通点のようです。**ほとんどの人は、やりたいと思ったことを途中であきらめてしまうのですが、成功した人はあきらめなかったのです。**

　この「やりたいことを成功するまでやり続ける」というのは、起業家に限らず、私たちビジネスパーソンでも同じことがいえると思います。例えば、リクルートの有名な結婚情報誌ゼクシィとホットペッパーの2事業などは、その代表例かもしれません。

最後まであきらめなかった「ゼクシィ」「ホットペッパー」

　リクルートでは、当時「New-Ring（Recruit Innovation Group）」という新規事業提案制度がありました。これは社内外の有志が集まって新規事業提案をするというものです。社内の従業員だけではなく社外の方も参加できるルールでした。

　検討は勤務時間外に行うことになっていますが、当時は資料費として1チーム10万円までの予算が認められており、かつ参加者には1〜2万円相当の参加賞も出ました。毎年100〜200点程度の案件が提出されていました。ゼクシィもホットペッパーもこのNew-Ringでの入賞作品でした。

　リクルートでは、言い出しっぺがその事業をやるルールが原則としてあります。ですので、提案者が事業立ち上げメンバーとして関与しました。両事業とも立ち上げ当初は苦戦しました。ゼクシィは営業先が結婚式場やホテルであり、従来の営業チャネルが接点を持っていなかったからです。ホットペッパーに至っては、居酒屋などの料理店が主な顧客で

す。当然営業チャネルが接点を持っていませんでした。しかも、リクルートの支社や営業所がない地域にまで展開しようと考えたのです。

ところが、この事業の運営に携わった人たちは成功するまであきらめませんでした。ゼクシィは首都圏の情報誌から開始し、現在では日本全国で「結婚するならゼクシィで情報を得る」が定番となっています。

ホットペッパーは、クーポンを使う文化を一気に日本全国に広げることに成功しました。また、ヘアサロンを予約する文化を定着させました。

インターネットの普及を予見した「リクナビ」の成功事例

今では大学生の就職活動のインフラになっている「リクナビ」もそうです。私が大学生の就職活動をしていた30年前は、百科事典のような就職情報誌が中心でした。これに同封されている資料請求ハガキを企業に返送することが就職活動の第一歩でした。すでに就職活動は劇的に変化しました。ところが、当時、ここまでインターネットが進展すると考えていた「就職情報誌企業」はありませんでした。

実際、リクルートの中でも、ほんの数人だけが、インターネットの将来を本気で考えていました。彼らは、就職情報誌に掲載されている情報とまったく同じ内容をインターネットに転載することからビジネスをスタートしました。

営業、制作の手間もかかるし、社内の反対意見も少なくありませんでした。しかし、彼らは粘り強く周囲に、インターネットの将来性、意義を説いて回ったのです。彼らは決してあきらめませんでした。

もしも彼らが周囲に迎合していたとしたならば、どうなっていたでしょうか。リクルートの新卒事業は崩壊していたかもしれません。リクルートのインターネットビジネスも今ほどは進まなかったかもしれません。それを想像するとぞっとします。

あなたは、これらの話に違和感を持つかもしれません。それはリクル

ートというある意味特殊な会社の昔話だからです。リクルートは、新しいことを作り続けなければいけないという危機感を持ちつづけている会社です。ですので、一般の会社に比べると、「やりたいこと」を言う機会も、「やりたいことをやれる」機会も、さらに「あきらめずにやりつづけることを容認してもらえる」機会も多いかもしれません。

ただ、リクルートの中で事業を立ち上げた人を見ていると、**彼らは自分のやりたいことをやるために「手を変え品を変え言い続けていた」こと**がわかります。

1回や2回では上司は首を縦には振りません。なぜならば、あなたがそのことを重要視しているほどには、相手は重要であるとは考えていないからです。1度や2度で話が通らないことで、あきらめるのではなく、自分のやりたいことを言いつづけるしつこさを持ちつづけることをお勧めします。

Business Skill 38

エンパワーメントの引き出し方

能力が高くても「やる気」がなければ成果は生み出せない

　私が新人営業のころの話です。

　私は企業の求人広告を営業していました。営業は、実際の求人広告を作成する場面では、様々な人たちと打ち合わせをします。広告全体のコンセプトを考え、進行管理をするディレクター、コピーライターそしてデザイナーなどの方々です。その他、必要に応じてフォトグラファーやイラストレーターと打ち合わせをすることもありました。

　そのときに、当時、関西のコピーライターのドンと呼ばれる大御所から教えていただいたことがあります。それは、**「新人営業にとって、最も重要なことは何か」**ということです。

　そのときのやりとりを再現してみましょう。

　　ドン「中尾君。新人のあなたにとって、一番大事なことは何だと思う？」
　　中尾「顧客の求人情報や採用の背景を正確にディレクターやコピーライターに伝えることですか？」
　　ドン「確かにそう。しかし、それだけでは足りない。何だと思う」
　　中尾「うーん……分からないですね。誠意ですか？」
　　ドン「少し違うね。誠意なんてものは、プロ同士が仕事をするのであれば、当然必要なもの。**一番大事なのはね、ディレクターをはじめ、原稿制作に携わる我々をやる気にさせること（エンパワーメント）だよ**」
　　中尾「やる気にさせることですか……。やる気にならないこともあるのですか？」
　　ドン「新人と違って、俺たちはたくさんの仕事をしている。プロなので最低限の仕事はするけれど、人間だから体調や気持ちの部分で仕事を流してしまうこともある。**どうすれば、中尾君の仕事**

　　　　の優先順位が上がるのか。それは俺たちをやる気にさせること。どうすればよいか考えてごらん」
　中尾「分かりました。今すぐには適切な返事はできませんが、考えてみます」

エンパワーメントを引き出す5つの手順

　実は、ドンの話を聞いて、私はいつかきちんと回答をしようと思っていたのですが、まもなく神奈川に異動になりました。その後、直接話をすることもなく、回答を伝える機会を持つことはできませんでした。
　ですので、ここから書く話は私なりの解釈です。もしかするとドンが私に求めていた回答とは異なるかもしれません。
　しかし、この会話がきっかけで、私は誰かと一緒に仕事をする際に「やる気になってもらう」ことを大事にするようになりました。そして、そのために、次の5点を大事にするようになったのです。

①一緒に仕事をする人に対して仕事全体の目的・背景・意義を伝える
②依頼する仕事の全体での位置づけと、その重要性を伝える
③進捗状況を確認し、必要に応じてアドバイスをする
④アウトプットに対して評価を行い、要望・感謝を伝える
⑤その仕事全体の成果を共有する

　これは、前述の「自分がする仕事と人に依頼する仕事に分ける」（28ページ参照）で説明したポイントの詳細版といえるでしょう。仕事を頼むときに背景を伝えて、適宜状況把握をし、よいものができたら感謝し、よくないものであれば要望を行い、結果が出れば、それを共有する……という話です。
　このように書くと当たり前のことに思うかもしれません。特別難しい話ではありません。ところが、必ずやっている人はとても少ないのです。

実際、依頼する際には丁寧なのですが、その結果がどうなったかを伝えてくる人は、ほとんどいません。上記の⑤に関しては、ついつい忘れがちになるのです。気をつけたいものです。

　関西のドンは「一緒に仕事をする人たちのやる気を高める（エンパワーメント）」ということを教えてくれました。確かに、個々人を比較すると能力の差はあるかもしれません。しかし、**その個人が能力を最大限に発揮するのは、その人が「やる気」になったとき**なのです。

　私は、能力がいかに高い人であれ「やる気」にならずに、その人の最大成果を出すのを見たことがありません。

　あなたは、周囲の人々をエンパワーメントできていますか？

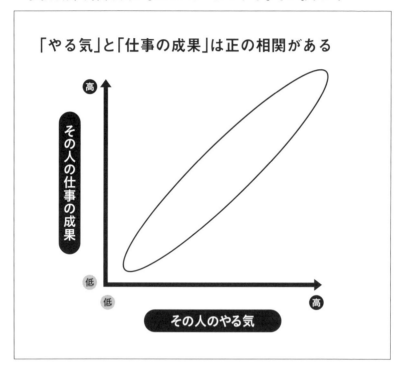

Business 39 Skill

常にROIを意識する必要性

数値化しにくい職種こそROIの発想が効く

最初に質問です。

「あなたの会社はどうしてあなたに給与を支払っているのでしょうか」

あなたが経営者、しかも創業オーナー社長だと仮定するとイメージしやすいかもしれません。社長であるあなたは、なぜ従業員に給与を支払うのでしょうか。

答えは簡単です。

あなたが支払う給与以上に、従業員が働いてくれると期待しているからです。 つまり経営者は、給与という投資（Investment）に見合うだけの見返り（Return）があると考えているからなのです。**ROI（Return On Investment＝投資対効果）が高い**と思っているからです。

経営者と従業員のギャップ

しかし、従業員はどうでしょうか。つらい通勤の往復、つまらない上司の説教に耐え、1日に8時間以上拘束されていることの対価として給与をもらっていると考えていたらどうでしょう。

経営者と従業員の意識には大きなギャップがあるのです。 成果を期待して従業員に給与を支払っている経営者と、時間に対して給与をもらっていると考えている従業員。

例えば、あなたの職種が営業職であれば、この意識のギャップを埋めることは簡単です。売上目標やノルマが達成できなければ、その人のROIは低いと容易に判断ができるからです。数値化されているので、経営者ばかりではなく、本人も自分は成果（Return）に比べて給与（経営者から見たらInvestment）をもらいすぎているかも知れないと自覚し

やすいのです。

　営業の離職率が他職種と比較して少し高いのは、自分自身で、営業に対する向き不向きを数字として容易に把握・自覚できるからです。

バックオフィスのROI

　ところが、一般にバックオフィスと呼ばれている職種の方々はどうでしょう。ほとんどの職種の人は数値目標がありません。たとえ、あったとしても、本人のその数字への意識も低いケースが散見されます。しかし、それでもあえて言います。**バックオフィスなど数値化がしにくい職種の方々こそ、自分のROIを気にすべきです。**

　私自身ワークス研究所の調査グループの責任者をしていたころに、当時の担当役員から次のような依頼を受けました。それは、**「調査の決済案件が、部署ごとにバラバラにやってきて判断がしにくい。しかも判断の基準も部署ごとにバラバラである。それをなんとかして欲しい」**と。

　当時、私自身は、調査に関しては素人でしたが、マーケティングで培ったノウハウを転用することで、すべての調査の目的を明確にし、可能な限り数値化し、数値目標を設定し、比較可能にしたのです。

　例えば、ある調査の目的は、販促でした。「毎月、就職活動を行っている新卒の学生のうちどれくらいが内定を得ていないのか」。あるいは、「どれくらいの学生が内定を得ているにもかかわらず、内定先に満足しておらず、就職活動を継続しているのか」という情報を定期的に把握する調査を行っていました。

　営業担当は、これら就職活動を継続している学生がいることを顧客に情報提供します。そしてまだ新卒採用の目標を充足できていない企業に対して追加提案を行います。あるいは、中小企業に対して、今から新卒採用を行いましょうという新規提案を行います。

　ところが、新卒の就職活動の早期化に伴い、就職活動の後半から採用活動を開始する企業が減少していました。営業サイドでも、この調査は不要ではないかという雰囲気ができつつありました。特にベテラン営業

から、そのような声が多数上がってきました。おそらくこれらのベテラン営業の声、つまり定性情報だけで判断していたら、この調査は廃止になっていたのだと思います。

ただ、私は、「この調査は販促調査である」と位置づけていたので、調査の存続は、販促効果があるかどうかで判断すべきであると説明をしたのです。

そこで、対象調査の利用状況について営業にアンケートを行いました。

すると結果は、事前に聞いていた情報とは、正反対のことが分かったのです。キャリアが浅い営業が提案のために使用していたのです。しかも、多数の追加営業や新規営業に活用されていることが分かったのです。ROI的には、調査費用の数倍の収益があったのです。

この調査のROIの把握については、思わぬ副産物がありました。それは調査担当の「やる気」アップです。

従来は、その調査担当にとって調査報告書をきれいにまとめることが、主な仕事でした。ところが、経営陣がこの調査に求めているのは、売上であることを明確に伝えたわけです。しかも、売上の測定方法も、目標数値も明確に決めたのです。その調査担当者の目の色が変わりました。つまり事前に設定したROIを意識しはじめたのです。

従来であれば、調査の報告書を作成することまでが、担当者の意識の範囲でした。ところがその範囲が広がったのです。**評価すべきは、調査担当が作った資料を利用してどれくらいの営業が受注してくれるかということが明確に意識されることによって、行動が変わったことです。**

日常的に営業担当のコミュニケーションが増加し、提案書に使いやすいように報告書の体裁を変えていきました。営業担当の受注を自分事として捉えるようになりました。

このように、日常的にROIを意識すると、成果に対しても投資に対してもシビアになり、より高い仕事の成果を求めるようになるのです。

Business 40 Skill / 105％の面談と95％の面談の大きな違い

たった10％の違いが結果を大きく左右する

　私が営業担当から企画担当に異動したときのことです。

　企画での最初の仕事は、社内広報と販促でした。その事業部は首都圏、関西、東海の3エリアを担当していました。全体で1000人以上の大組織です。

　一方、私は神奈川という限られたエリアの営業経験しかありませんでした。社内広報のネタ探し、販促戦略立案、社内のネットワーク作りのために東京都内の営業のレベルを知りたいと思い、都内の営業に営業同行をさせてもらいました。すると、みな営業が洗練されていて驚いたのを覚えています。また営業担当のレベルも粒ぞろいで、顧客での営業活動も遜色がないようでした。

　ところが不思議なことに気づいたのです。顧客での対応は一見遜色がないように見えたのですが、営業成績はかなり違うのです。かたや目標を達成し、連続で表彰を受けており、かたや目標達成ギリギリの成績の人も多いのです。

　確かに表彰を受けている営業の方が、コミュニケーションでは、やや上でしたが、日常の営業活動で取り立てて言うほどの差ではないのがとても不思議でした。

> なぜ、営業力の差に大きな違いはないのに
> 商談がつぶれるのか？

　ちょうど、そのときに私の営業時代にライバルであった同期が都内に異動になっていて、営業グループマネジャーをしていました。さっそく彼に、私が思っている疑問を打ち明けました。彼も同じような疑問を持っていたのですが、彼はすでにその構造を把握していました。それが、ここで紹介する「**105％の面談と95％の面談の大きな違い**」です。

　彼の疑問のきっかけは次のようなものでした。

彼はグループマネジャーなので、メンバーから顧客への同行営業を依頼されることがよくあります。大半は、重要な商談のプレゼンテーションであったり、クロージングであったりという場面です。
　彼のメンバーの大半は新入社員の営業かキャリアが数年の若手営業です。彼が営業メンバーに同行するとほとんどの場合、発注をもらえるそうなのですが、**ある特定の営業メンバーに同行するとほとんど商談がつぶれてしまうのです。**
　もしもどの営業メンバーに同行しても、満遍なく商談がつぶれるのであれば、グループマネジャーである彼の側に課題があります。しかし、商談がつぶれるのは特定の営業メンバーの時なのです。そこで、彼はこの構造を解明できないかと簡単なモデル化を試みたのです。

顧客の満足度をモデル化

　顧客が最低限満足している商談を100％としました。100％より大きい数字であればあるほど顧客は満足しているわけです。逆に下回れば下回るほど顧客は不満に思っているというモデルです。彼自身は、1人の営業として経験も実績も積み、初対面の顧客であっても彼のファンにできる能力を持っています。いわば1回の面談で150％の満足を得られるグループマネジャーというわけです。
　もしも彼が毎回顧客への商談をしていれば、顧客の満足度は極めて高い状態になります。しかし、そんなことをしていたら営業メンバーの育成もできませんし、そもそもすべての顧客に対して、グループマネジャーの彼が常に商談することは物理的に不可能です。当然ながら、常日ごろは彼の営業メンバーが、顧客に訪問することになります。
　営業メンバーは粒ぞろいですので、新人とはいえ、パーセンテージで表記すると95％〜105％に揃っているのです（この数値は概念的な数値であり、何らかの測定によったものではありません）。
　ところが、この「粒ぞろい」が曲者でした。もっと差が開いているのであれば課題は容易に見つかったのですが、粒ぞろいであったことが、

課題を見つけにくくしたのです。

たった10％の差が取り返しのつかない違いとなる

　顧客に95％の営業と105％の営業が訪問しました。彼らの数値の差異は10％にすぎません。つまりほんの少しです。ところが、105％の営業が訪問した場合の顧客は「満足」し、95％の営業が訪問した顧客は「不満足」といった印象が残るのです。

　例えば、この訪問を10回繰り返したとします。

　105％の営業　　105％の10乗≒160％
　95％の営業　　95％の10乗＝60％

　たった10％の違いですが、このように大きな差がつくのです。そこに150％のパワーがあるグループマネジャーが同行します。すると105％の営業が10回訪問した後の状態を式で表現すると**160％×150％＝240％**となり、顧客の満足度は、100％の満足を大幅に超える大満足となります。当然ながら、大型発注をしてくれるのです。

　ところが95％の営業が10回訪問した後の状態は**60％×150％＝90％**と100％以下の数値になり、顧客は満足せず、大きな発注をしてくれないのです。

　この話の大事なポイントは、理屈上105％と95％のわずかな差でも、かたや「満足」として記憶に残り、かたや「不満足」として記憶が残るということです。このわずかな差は、必ず越えなければいけないわずかな差なのです。

　もう1つは、**それが積み重なるともう回復ができないほど大きな差になる**ということです。

　私は、この話を聞いてから、人との面談に神経を注ぐようになりました。「中尾と話をして『満足』を得た」と思ってもらえるようにしています。

Business 41 Skill / 3つの読書術

情報と知恵のインプット＋アウトプットで大きく差をつける

　私は年間100冊以上本を読み続けています。2000年くらいに始めた習慣なので20年弱くらい継続していることになります。

　きっかけはリクルートワークス研究所時代に1万3000人の調査の責任者になり、その中のある調査結果に驚いたからです。その調査結果によると過去1カ月以内に仕事に関する新たなインプット（講演会に参加する、専門家に話を聞く、本や雑誌を読むなど）をした人は17％でした。17％とはおおよそ6人に1人です。

　そしてその6人に1人と残りの5人を比較すると、**17％の層はどのように切っても給料が高く、仕事への満足度が高かったのです**。例えば、同じ年齢であれば給料が高い。同じ年齢×学歴であっても給料が高く、満足度が高いのです。

　給料が高くて、仕事への満足度が高いというのはとても好ましい状態ですよね。しかも、インプットが高い方が、仕事の成果が出そうです。結果、給料が高く、仕事への満足度が高くなる。単純な相関だけではなく、因果関係もありそうです。単純な私は、それから定期的にインプットをすることにしました。そのインプットの習慣が読書でした。

　ちなみに私には3つの読書法があります。①**独学的な1人読書**、②**会社での輪読**、③**伴走読書**の3つです。

1人読書の方法論

　1つめの1人読書。

　私の場合はこれがメインです。独学的に本を読んでいます。何よりも自分のペースで本を読めるのが一番のメリットです。どのような本を読むのか。どのくらいのスピードで読むのか。いつ読むのか。すべて自分で決めることができます。ゆっくりきちんと読む本もあれば、斜め読み

する本もあります。しかし、すべてを自分のやりたいペースでやれるのです。

デメリットはこの裏返しです。自分1人で本を読むので、さぼってしまっても誰も叱ってくれませんし、応援もしてくれません。孤独でもあります。

冒頭に年に100冊読むと話をしました。月に8冊読むと年間で12ヵ月×8冊で96冊になります。年初は10冊ペースで読もうとして、年の後半に100冊が見えてくるとペースが落ちてきます。実際、気持ちや健康のバロメーターになっているところがあり、よい状態では、ガンガン読めます。悪い状態では、本を手に取るのでさえ、おっくうになります。

これを防ぐために3つの工夫をしています。

悪い状態のときに読むための、薄くて簡単で楽しげな本を本棚に積んでおきます。その手の本ばかりに手を伸ばす場合は、よくない状態のバロメーターですが、この手の本があると、気分転換になるのです。

もう1つは、**未知の分野の本を選んで、知的好奇心を刺激するようにしています。**日経新聞の日曜版の見開き2ページに本の紹介のコーナーがあります。その4隅に紹介している本で、あまり高価でない本を選ぶようにしています。偶然の出会いを必然的に見つける仕組みを作っているのです。

あと1つは、読みだして読み進められない場合の工夫です。かつては本が理解できないと、私の頭のレベルを疑っていました。しかし、今は逆の発想を持てるようになりました。

これは編集工学研究所の松岡正剛先生に教えてもらった方法です。

「本を読む際に皆が、まじめに読み過ぎる。例えば走る際に、ジョギングもあれば、マラソンもある。短距離走もある。道の状態が悪い場合もある。天気が悪い場合もある。本、読書に当てはめると、**楽に読んでよい本もある。著者や中身がダメな本もある。もっと肩の力を抜いて読んでよい**」

この言葉を思い出して、気分が楽になったのです。

また、読んだ本をFacebookでアウトプットしているのも、1人で読むのを助けています。自分の意見を加えて、書いているのですが、それを楽しみにしていると言ってくれる人たちがいて、とても励みになっています。自分の頭の整理にもなり、一石二鳥です。

職場で輪読する狙い

　職場では、輪読もしていました。内容を組織に導入したい本、あるいは共通言語にしたい本を輪読します。具体的には、参加する人数で、1冊の本をおおよそ等分に分割し、それぞれのパーツの内容を発表しながら、どのようにして自組織に導入するのかを皆で議論します。
　自分自身の責任パーツは数分の1ですから、読書が苦手な人であっても楽ちんです。本を読む習慣をつけるきっかけとしてはとてもいいと思います。組織のリーダーを選抜して輪読すると、組織に学ぶ習慣ができるので、こちらも一石二鳥の効果もあります。

伴走型の読書

　さらに中尾塾という伴走型の読書をやることもあります。これは私が選んだ18冊を塾参加者が2週間に1冊読みます。その「サマリー」と「明日から自分自身が実施すること」をイントラネット上にアップします。この情報はすべての従業員が閲覧可能です。そのアップした情報に対して、私がアドバイスをします。
　つまり、塾参加者に私が伴走しながら本を読む習慣をつけてもらうというものです。これを管理職候補の人たちを対象に実施していました。
　将来彼らが管理職になった際に、組織のリーダーが学ぶ習慣があると、その組織は学び続ける組織になる可能性が高くなります。逆にリーダーが学ばない組織は、メンバーも学ばない現状維持型の組織になりがちです。変化の大きい時代に、学び続ける組織の方が業績を上げる可能性が高いのは、言うまでもありません。

また、ここでも**本を読む→アウトプット**という組み合わせで実施するようにしています。基本的には、アウトプットすることがとても重要です。それも単純にまとめることには意味がありません。そうではなくて、**自分の言葉で、自分の組織で明日から使うにはどうしたらよいのかを考え、それを定期的にアウトプットする習慣が大切なのです。**これを継続すれば中長期的に大きな差が出るのは、言うまでもありません。

　1人読書、輪読、伴走型読書。ぜひみなさんも参考にして、読書の習慣をつけていただければ嬉しいです。

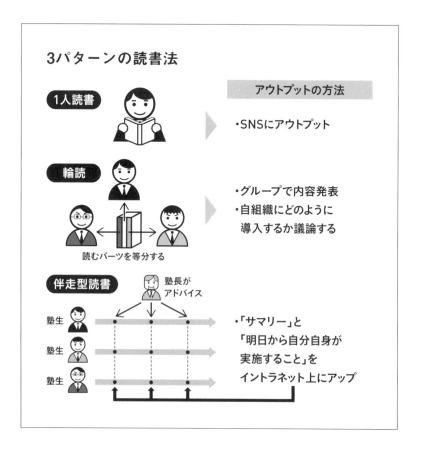

Business 42 Skill / GTR思考法

グーグルマップ・タイムマシン・リバーサイドホテル

　私が何か物事を考えたり、アイデアをひねる際の3つの観点を紹介します。「**グーグルマップ（Google Map）**」「**タイムマシン（Time Machine）**」「**リバーサイドホテル（Riverside Hotel）**」です。略して**GTR思考法**と呼んでいます。

　物事を考える、あるいはアイデアを見つけようと思っている際、ついつい視野・視点が狭く、低くなることがあります。そんなときに思い出してほしい呪文です。

「グーグルマップ」で視点を変えてみる

　まず、「G」。これはグーグルマップです。ご存じですよね。Googleが、世界中の地図情報をリアルに集めています。縮尺を変化させると地球全体から家一軒レベルまで見ることができます。とても便利です。

　これを意識してアイデアを考えるのです。思いっきりズームアウトする、思いっきりズームインする。**視点の高さを変えると、見えるものがまったく異なって見えます。**凝り固まった視点を変えられない際に意識を変えることを促進できます。

　他のメタファーでは、「鳥の眼」「虫の眼」という表現を使うことがあります。鳥のように高度数百メートルから眺める、あるいは虫のように地面や木々に近づいた状態で見てみるということです。この表現でもよいのですが、実際に鳥や虫の視点でものごとを見る機会はありません。

　一方でグーグルマップですと、誰でもパソコンやスマホさえあればズームイン、ズームアウトを体感できます。体感できることで、よりリアリティがあるのではないかと考えています。

　このグーグルマップのズームイン、ズームアウトは、物理的な高さ低さという視点だけではありません。例えば組織のポジションの高低とい

う視点を意識するとアイデアが生まれることもあります。社長の視点、役員の視点、部長の視点、課長の視点、メンバーの視点、契約社員、アルバイトの視点、外部パートナーの視点などなどです。

例えば、私の立場では困難な顧客のクレーム対応。経験のある上司から見たらどうでしょうか。あるいは社長であったらどうでしょうか。

私がある部門の責任者であったとき、外資系の日本法人とトラブルがありました。先方が48時間でできると言っていたことが、100時間かかったのです。しかも、実は本社に確認せずに48時間と回答してきたことがトラブル発生後分かったのです。現場は大混乱です。

それを社長に報告したところ、「アメリカ本社にとって、日本の1法人のトラブルなど、取るに足らない案件だ。交渉はして欲しいが、何も得られない可能性が高い前提で善後策を検討してほしい」とアドバイス（あるいは慰めの言葉）をもらいました。

視点の違いを感じた経験でした。

上下の視点から物事を見ることが重要であるというのが、グーグルマップです。

「タイムマシン」で時間軸をずらして見る

次は「T」。タイムマシンです。時間旅行ができる装置ですね。これは**時間軸を動かして考えてみるアドバイス**です。

煮詰まってくると、ついつい短期間の視点で考えがちです。そこに**過去と未来の視点を加えてみましょう**というわけです。

私がよくやるのは、Business Skill 20で紹介した3C（81ページ参照）の時間軸をずらすことです。田坂広志さんの『未来を予見する5つの方則』という名著があり、そこでも取り上げられていますが、進化は螺旋的に成長していきます。つまり過去あったことが、また起こる可能性があるのです。ただし、螺旋的に成長するというのは、そのままの形ではなく、技術により進化して起こるのです。

例えば、人と人のコミュニケーションを考えてみます。かつては対面

による口頭でのコミュニケーションしかありませんでしたが、文字ができ、手紙によるコミュニケーションが発達しました。そして電話ができました。電話という技術進化により非対面での口頭コミュニケーションが復活したのです。かつての対面での口頭コミュニケーションの進化版が再度表れてきたわけです。

ところが、今度はメールやメッセンジャーなどの文字によるコミュニケーションが出てきました。これは技術進化により手紙がメールやメッセンジャーなどに代わって、再度表れてきたということなのです。そして、現在はさらにテレビ会議などが出てきています。これは技術進化により新たな非対面の口頭コミュニケーションが出てきたということなのです。

このように**進化は螺旋的に起こります**。かつてはその螺旋の1周がゆっくりだったので、一世代でその進化を見ることはできませんでした。ところが、技術の進化のスピードが高まったので、私たちの世代だけで、進化の螺旋の1周を見てしまっているのです。

つまり、**タイムマシンとは、かつて大きなシェアがあったものに技術の進化を加えて、再度大きな価値を提供できるものがないかを考えることがポイント**です。時間軸をずらすことで、新たな発想ができることも少なくありません。

「リバーサイドホテル」で対岸から眺める

最後は「R」。リバーサイドホテルです。これは井上陽水さんの名曲ですね。じつは歌詞はまったく関係なく、リバーサイド、つまり川岸から対岸を見るイメージからこの名前をつけました。

リバーサイドホテルから対岸を見るとどのような景色が見えるでしょうか。そして、川の対岸からリバーサイドホテルがある側を見るとどのように見えるでしょうか。

川は国や県、あるいは市町村などの境になることが少なくありません。結果、川の両側から見える景色はまったく違うことがあります。つ

まり、私たち側から見る景色と顧客やパートナー側から見る景色がまったく違う可能性があるのをイメージしてほしいということなのです。

　何かアイデアを考える際、自分勝手に都合よく物事を解釈する傾向があります。その際に、**相手の立場、視点でものごとを見て欲しい**ということなのです。「川は両岸から見て川」という言葉があります。まったく同じ意味です。**片一方からだけの意見を聞いて物事を判断してはいけませんという戒めの言葉です。これはビジネスでもまったく同じです。**

　ある商談で、いつも厳しい言葉で問題提起（その当時は難癖のように感じていました）をしてくる顧客のキーパーソンがいました。私の上司からは、キーパーソンの上司にアプローチをして彼を外してはどうかというアドバイスがありました。

　表敬訪問を兼ねて、その上司に話を伺いに行きました。ところが、その方から、そのキーパーソンが我々の仕事をとても褒めてくれていることを伺いました。我々には厳しい言葉で叱咤激励するのですが、顧客社内では、我々がトラブルを起こさないように、よい成果が出るように動いてくれていたのです。それも私にはまったく気づかれないように。なんて素敵な人なのでしょう。

　私の立場からは全く見えませんでした。

　リバーサイドホテル。

　相手の立場からもものごとを見なければいけません。

グーグルマップでズームイン、ズームアウトして、タイムマシンで、過去、現在、未来の視点を持ち、リバーサイドホテルで、自分だけではなく相手の立場に立つという視点視野の広げ方です。

　GTR思考法、ぜひ活用してみてください。

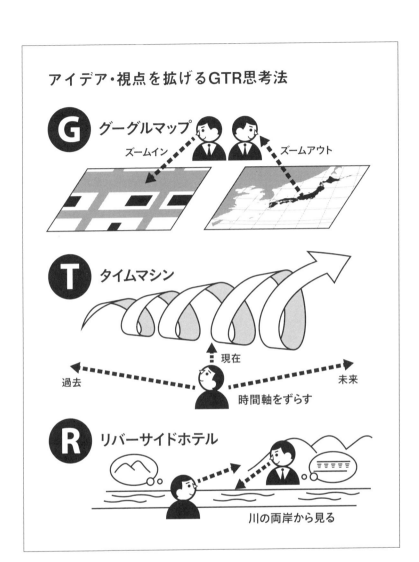

Business Skill 43 / 習慣の力

3ステップのたった1つを変えるだけで習慣は変えられる

『習慣の力』（チャールズ・デュヒッグ著）という名著をご存じですか？

私は恥ずかしながら数年前まで知りませんでした。

経済産業省の仕事をしていた際に、経済学者の伊藤元重さんとインド、シンガポール、中国（深圳）を視察する機会がありました。全体で10名程度のチームでしたので、参加者のみなさんとすぐ親しくなることができました。移動中の車で横に座った伊藤元重さんと本の話になり、この『習慣の力』をご紹介いただきました。

私がこの本を知らないと答えると、**「それはダメですね。すぐに読んだ方がいい」**とアドバイスをいただいた本なのです。もちろん、お隣でポチリました。ぜひ、みなさんもご自身で読まれることをお勧めします。ここでは、私がその本から学んだエッセンスをご紹介したいと思います。

習慣を変えるもっとも簡単な方法

1892年、心理学者ウィリアム・ジェームズの研究によると、私たちの生活はすべて、習慣の集まりにすぎないといいます。同じく2006年デューク大学の研究によると、毎日の行動の40％以上が習慣だというのです。

40％というと多く感じるかもしれませんが、例えば運転などが分かりやすいと思います。運転などの一連の行動を無意識の慣例に変える脳のプロセスをチャンキングといいます。いちいち意識しなくても車線変更ができますよね。

当然ながら習慣にはよい習慣と悪い習慣があります。しかしながら、**習慣の仕組みを知っていれば、「習慣は変えられる」**のです。

習慣は、「きっかけ」→「行動」→「報酬」という一連の組み合わせ

で実行されています。例えば朝の歯磨き。みなさん習慣でやっていますよね。この歯磨きは、汚い歯（きっかけ）→毎日の歯磨き（行動）→きれいな歯（報酬）という一連の動きで説明ができます。さらに、ミント油が入っていて、口中を刺激する。これが習慣化に重要だったのです。

ところが、習慣はデリケートで、何かがほんの少し変わっただけで、その習慣は崩壊するのです。これが悪い習慣を変えるヒントになります。

つまり、**習慣の変更は、きっかけと報酬は変えずに、行動（真ん中のステップ）を変えるのが鉄則なのです**。あるアメリカの弱小フットボールチームを変革したコーチは選手に「他の誰よりも速く動く」ことだけを求めました。選手はマークする相手選手の足だけを見ています。その足が動くという「きっかけ」だけを見ているように指導しました。1年後には、パターンが体にしみこみ、反射的に動けるようになり、チームは大躍進を遂げたのです。

アルコール依存症からの復活プログラム（AA）も同様です。アルコールへの欲求を生み出す「きっかけ」をすべて見つけます。そして、アルコールからどのような報酬を受け取っているのか見つけます。次にアルコールを飲む代わりになる新しい「習慣」を作らせるのです。その際に、その人を信じる力、サポートをする集団の力があれば、さらにうまくいくのが分かっています。

これなら悪い習慣も止められそうではないでしょうか。

スターバックスのLATTEメソッド

この本には他にもたくさんの学びがあるのですが、私の最も好きなエピソードを紹介しましょう。

スターバックスの事例です。スターバックスは、従業員の自制心を鍛える教育プログラムを開発しました。同社は何らかのハンデがある人達の雇用に積極的です。

彼ら彼女らは大半の時間は問題がないのですが、何か難しい状況に陥

った際に自分をコントロールできないケースが散見されました。この転換点（難しい状況に陥ったとき）への対処法を考えさせたのです。

具体的には、怒った客への対応や、列が長くなったときの対応などです。メンバーに「お客様が満足していないとき、私なら……」と書かれた紙を渡します。そして、LATTE（ラテ・メソッド：同社のラテにかけている）手順を伝えます。

Listen　お客様の言葉に耳を傾ける
Acknowledge　お客様の不満を認める
Take Action　問題解決のために行動する
Thank　お客様に感謝する
Explain　なぜその問題が起きたのか説明する

これをロールプレイングで体に染み込ませ、そして実践することで習慣化するのです。これにより、列が長くなってイライラして怒り出すお客が出ても、それを「きっかけ」にLATTEメソッドができるようになるのです。素晴らしい改善の習慣化ですよね。

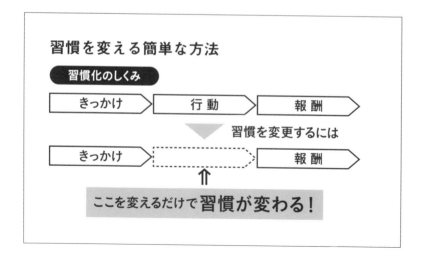

第 5 章

事象の裏側を探って仕事のレイヤーを上げる

Exploring the Other Side of Events and
Raising the Business Layer

ビジネスパーソンを30年以上やっていると「このことをもっと先に知っておけばよかった」と思うことが少なくありません。私自身のことだけではありません。様々なビジネスパーソンと話をしていて、「あーこれを知らないのだ。だから失敗するのだ」と思うことが本当に多いのです。別に毎日気にする必要はありません。ただ知っているのと知らないのとでは大きな違いがあるのです。
　この章は次のような方に役立つと思います。

☑ 人とのコミュニケーションを強化したいと思っている人
☑ よい会社を選択したいと思っている人
☑ 課題を放置しておけない人

　この章には、これらを解決するための7つの原理原則（ヒント）が載っています。

㊹ 永続的に伸びる会社を見抜く
㊺ 自分の仕事の意味づけを変える
㊻ 仕事の意味づけを変えると成果が変わる
㊼ 人の発言や行動の潜在的な理由にメスを入れる
㊽ 上司に不満を伝えても、なぜ伝わらないのか？
㊾ 解決してはいけない課題もあると知る
㊿ 「もう1つの仕事」に精を出していませんか？

Business 44 Skill / 永続的に伸びる会社を見抜く

規模の大小で会社を選んではいけない理由

　かつて日本社会は、終身雇用が前提で、年功序列型賃金制度でした。同じ会社に長くいて、地道に会社に貢献していれば、徐々に給料が上がりました。これが会社員の成功方程式でした。

　若いうちは給与が低いのですが、我慢をして働くと、40代、50代になって「後払い」で給料が上がりました。

　これは大手製造業を中心とした大企業の特徴でした。

　大企業は新卒の大量採用を中心に採用活動を行います。新卒は仕事の経験がないので、育成が必要でした。そこで会社が若年層に教育を行います。勤務年数が伸びると、業務への熟練度が増し、会社に対しての貢献度も向上していきます。つまり勤務年数と会社への貢献に相関性があったということです。

　しかも、かつては会社自体も右肩上がりで成長していたので、組織も大きくなり、ポストも増加します。会社への貢献度が高い従業員に昇進で報いることも容易でした。結果、従業員の意識の中には、まじめに働けば、課長や部長まではいけるだろうという安心感があったのです。

　ところが、2000年以降、製造業でさえ終身雇用制度が崩壊してきました。日本を代表する製造業が経営危機になり、外資の支援を受けV字回復した話がいくつもあります。大学や高校の段階から日本を脱出する人たちも増えてきています。

日本の就職の特殊事情

　ちなみに、日本は世界的に見ても就職活動が特殊です。

　いろいろ特殊なところがあるのですが、一番は、大学が社会に出て活用できるスキルを教えていないことです。結果、前述のように新入社員に対して企業が独自にスキルを習得させるという構造になっているので

す。大企業は、終身雇用制度が崩壊しつつある現在でも、大量の新卒採用を行っています。

これは功罪があるのですが、**一番の功は、この大量採用のおかげで若年失業率が低いことが挙げられます。日本の若年失業率は、諸外国の失業率と比較して大幅に低いのです。**

通常、諸外国における失業問題は、スキルのない若年層の問題です。しかし、日本は大企業中心に、新卒を大量に採用し教育してくれるので、この問題が起きにくいのです。これが新卒一括採用の一番の功です。

話を戻しましょう。

大学では、社会で役立つスキルを身につけることができないとするならば、企業もしくは独自でそのスキルを習得する必要があります。大企業は相変わらず新卒採用者に対してスキルを習得させてくれます。

しかし、大企業＝安定という方程式は崩れています。では中小企業に目を向ければよいというのも暴論です。その中小企業が成長しないとするならば、あなたには大きな仕事も回ってきませんし、経験も積めません。結果、スキル習得もできませんし、キャリアも積めません。

スキルがないので転職もできなくなります。バッドサイクル（悪循環）に入るのです。やはり選ぶのであれば、**企業の大小にかかわらず伸びる会社を選ぶべきです。**

企業が永続的に成長するための4つのポイント

そこで、質問です。少しだけ難しい質問ですが、回答してみてください。次の4つのポイントは、企業が永続的に成長するのには不可欠な内容です。これに優先順位をつけてみてください。

①顧客の満足
②従業員の満足
③株主の満足

④社会への貢献

　さて、あなたの回答はどうでしょうか？
　それでは1つずつ見ていきましょう。例えば、**①顧客の満足**の優先順位を下げた場合はどうなるでしょうか？
　かつて食品業界で、顧客満足を無視した不祥事が起こりました。そのトップメーカーはあっという間に解体していきました。
　これは極端なケースかもしれませんが、結果として顧客満足度の優先順位を下げた行動を取ったこの会社は、存続できなくなってしまいました。どうも顧客満足度の優先順位も下げてはいけないようです。
　それでは、**②従業員の満足**を下げた場合はどうでしょうか。
　従業員満足度を低下させる方法はたくさんありますが、例えば、成果を出している人も成果を出していない人も同じ給与だとどうでしょう。成果を出している従業員のモチベーション（やる気）は低下するでしょう。結果、それは商品やサービスの低下をもたらし、業績に跳ね返ってきます。つまり従業員の満足度を下げるのもよくないようです。
　では、**③株主の満足**を下げてみましょう。つまり業績を悪化させるわけです。それに伴い、株価が下落し、株主の満足度が低下するわけです。どうなるでしょう。
　これは簡単です。業績が悪い企業の従業員に、従来同様の給与を支払うわけにはいかないと、株主は従業員のリストラや賃下げを経営陣に求めます。賃金が下がると、従業員満足度も低下するので、株主満足度も低下させられません。
　最後に、**④社会への貢献**を下げてみましょう。社会への貢献とは、別にメセナ活動などを指すわけではありません。例えば環境問題を考えてみましょう。昨今では、環境問題への取り組みができていない自動車メーカーは、顧客からの評価（満足度）を得ることはできません。アメリカのいくつかの州ではハイブリッド車でさえ、環境によくないという話になっています。これ以上販売できないのです。つまり、社会への貢献度合いも低下できないのです。

質問の冒頭に「少しだけ難しい質問です」と書いた意味が分かってもらえたと思います。**つまり、永続的に伸びる企業は、この4つの内容を同時に満たしている企業なのです。**非常に難しい話です。

　ちなみに、これはかつて私がスタートアップ100社の経営者に話を聞いた内容が元になっています。100社の経営者に話を聞き、最後にこの質問をしていました。**そのうち、4社だけが「4つとも満足が必要」と回答したのです。そしてなんと、10年後成長していた会社は、この4社だけでした。**

　つまり、伸びる企業は、どれかの優先順位を下げるということは決してありません。1つをないがしろにすると、後で倍になって他の要素に跳ね返ってくることを知っているのです。会社選びに妥協してはいけない重要なポイントです。

　あなたの選んだ会社はいかがですか？

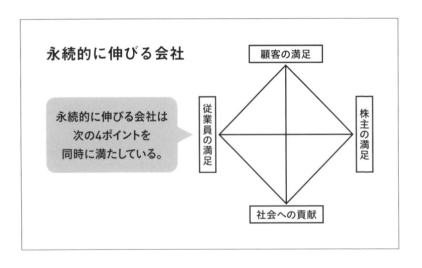

Business 45 Skill

自分の仕事の意味づけを変える

「全体最適志向」を身につけると仕事の質が変わる

　会社は業務を効率的に遂行するために、組織を分割して「○○事業部」「△△総務課」といった「部」や「課」を持つ組織を作ります。私たちは、通常その分割された小組織に属しているわけです。会社から割り当てられた組織であるにもかかわらず、不思議なことに、知らず知らずのうちに自分の属している組織を中心にものごとを考えてしまう傾向があります。つまり自分の属している小組織がすべてであると誤解してしまうのです。

　そして何かを判断する際に、**会社全体にとっての最適な判断（全体最適）**ではなく、**自分の属している組織にとってのみの最適な判断（部分最適）**をしてしまい、会社に不利益を生じさせるのです。

部分最適で不利益をもたらしたケース

　一例を挙げましょう。2つの部署で取引がある顧客のケースです。この顧客は、ある部署Aで大口取引があります。しかし、自分の部署Bで新規取引をする際に大きな値引きをして取引を開始しました。結果、部署Aの大口取引も値引きを余儀なくされてしまいました。これなどは分かりやすい「部分最適」の例でしょう。

　営業部門がトラブル対応をしている大口顧客に、流通部門がさらにトラブルを起こしてしまい、取引停止になってしまったなどという話も聞きます。

　私自身も経験があります。営業3年目のころ、取引約1億円の大口顧客でのことです。別部署とその顧客でトラブルが起きたのです。私の部署と顧客の関係はきわめて良好で、その顧客は私のことを「第二人事部長」と評価してくれていました。

　一方、トラブルを起こした別部署との取引はほとんどありませんでし

た。話をややこしくしたのは、トラブル自体ではなく、対応の仕方でした。その別部署の営業課長は、自分たちのミスであることを認めず、何を勘違いしたのか顧客に「そのような考えの企業とはお付き合いできません」と口走って商談の席を立ってしまったのです。交渉決裂です。しかも、それ以降何のフォロー活動もしなかったのです。

しかし、このトラブルのそもそもの原因は、客観的に考えても当社の別部署側の顧客への配慮不足が原因でした。当然ながら、顧客は怒り、「取引停止だ!」という話になりました。最終的には、直接今回のトラブルとは関係のない私が対応して、解決しなければいけませんでした。

結局、トラブルを引き起こした部署の課長は、私が顧客と対応している間、一度も客先に出向きませんでした。「私の部署は、取引をあきらめたのだから、もう関係ない」の一点張りでした。自分の部分最適な安易な考え方で起こしたトラブルによって会社全体に不利益が生じたとは考えられなかったのです。

このような判断をしているようでは、会社全体の成長も、個人としての会社内でのキャリアアップも望めません。このような部分最適志向の課長には、危なくて重要顧客を任せられないからです。

全体最適を導くための賢い方法

では、どうすればよいのでしょうか?

部分最適ではなく、全体最適志向を身につければよいのです。決して難しくはありません。常に会社全体の動きを把握して、**「あなたが会社の経営者であればどう判断するのか」**と考えて、自分の部署の位置づけ、自分の仕事の意味づけをする習慣をつければよいのです。

具体的な方法としては、まず会社の決算報告書、事業計画書、ホームページや社内報に掲載されている全体の方針や戦略などの情報はくまなく目を通すようにしてみてください。

さらに可能な限り「上司」に加えて「上司の上司」とコミュニケーションを取るようにしてください。つまり、経営者の視点を身につけると

いうことです。そのためにも会社全体の動きをいち早く入手することが必要なのです。

　面白い実験結果を聞いたことがあります。ある社長が、部長、課長、メンバーに同じ質問をしたところ、部長＞課長＞メンバーの順に妥当な判断をしたそうです。

　これは部長の経験が、課長やメンバーと比較して豊富であることに加えて、社長の質問に付随する情報を常日ごろ自然と入手できていたからなのです。つまり他の2人とは前提条件が異なっていたわけです。そこで、質問の内容を自社とはまったく異なる業界についての質問にすることで情報量を同じにしたところ、部長とメンバーの判断の差異は小さくなったそうです。

　情報と経験が同じであれば、人の判断にはそれほど大きな差は出ないのです。経験を完全に代替することは難しいですが、情報を多く入手し、それらを整理することで、ある程度代替は可能です。そして、自分が上司であれば、経営者であれば、どのように判断をするのか常にシミュレーションする訓練をしてみてください。これはBusiness Skill 42で説明したGTR思考法のグーグルマップのズームアップのテクニックでもあります（163ページ参照）。

　現在では、会社に関する情報入手は驚くほど容易になりました。ところが、大部分の従業員は会社の動向を入手すらしないのです。ここから始めてみてはどうでしょうか。

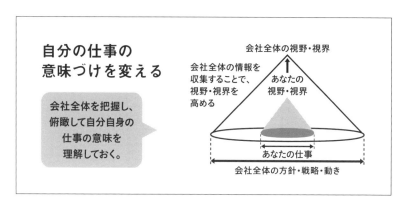

Business 46 Skill

仕事の意味づけを変えると成果が変わる

「意味づけ」次第であなたの人生に無駄はなくなる

"Connecting The Dots（点と点をつなげる）"という言葉を聞いたことがあるでしょうか。

これはアップル社のスティーブ・ジョブズが2005年、スタンフォード大学の卒業式で話した有名なセリフです。**「過去を振り返ると、一見関係ないように思える点と点がつながって素晴らしいことが起きる」**という比喩です。

ジョブズは大学中退後も、興味があったカリグラフィー（文字を美しく書く技術）の授業だけは出席していました。このときの知識や経験が、後のAppleのMacintosh開発における書体機能の充実につながり、Macがデザイナーやエンジニアといった最先端のユーザーに受け入れられるきっかけとなったことは有名な話ですね。一見関係ない「書体」と「パソコン開発」という「点と点をつなげた」ことが成功の礎になったのです。

当然ですが、当時カリグラフィーの授業を受けていたのはジョブズだけではありません。しかし、これをパソコン開発とつなげたのはジョブズだけでした。カリグラフィーの価値を意味づけることができたのです。**彼だけがカリグラフィーというDot（点）とパソコン開発というDot（点）をつなげたのです。**

私たちの日常でも実はイケてるDotがあるのではないでしょうか。一見平凡に思える仕事にどのように意味づけするのかで、結果が変わることがあります。

レンガ職人の寓話から学ぶ「仕事の意味づけ力」

有名なレンガ職人の話をご存じでしょうか。

旅人が1本道を歩いていると、1人の男がレンガを積んでいました。

旅人が、「何をしているのですか？」と尋ねました。

　すると**「見ればわかるだろう。毎日毎日、1日中レンガ積みをしているのだ。ホントつまらない仕事だ」**とつらそうに回答しました。

　しばらく行くと、またレンガを積んでいる別の男に出会いました。旅人が同じ質問をすると、職人は**「大きな壁を作っているのだよ。この仕事で家族を養っているのだ」**と誇らしげに回答しました。

　さらにもう少し歩くと、別の男がレンガを積んでいました。旅人はまた同じ質問をしました。すると、3人目の職人は**「歴史に残る偉大な大聖堂を作っているのだ。ここで多くの人が祝福を受け、悲しみを払うのだ！　素晴らしいだろう！」**と晴れ晴れとした顔で答えました。

　同じレンガを積んでいても、その仕事への**「意味づけ力」**が違います。きっとそのレンガ積みの成果も違うはずです。

　3人の男のうち、レンガ積みという一見平凡な仕事をDotにできたのは、2人目と3人目で、3人目の男のDotの方がより大きいのではないでしょうか。将来、Connecting the Dotsをするためには、まず1つDotを作らなくてはなりません。1人目にはその可能性はなく、3人目の男が実現する可能性が一番高いでしょう。

自社商品の価値を意味づけする

　これは過去の話だけではありません。現在、しかも会社ぐるみで意味づけしている会社があります。

　あるマンション販売会社の役員の方に伺った話です。その会社の販売責任者には1つのルールがあるのだそうです。それは、**「担当するマンションがNo.1である部分を見つけるまで販売活動に入ってはいけない」**というルールでした。

　例えば、「このエリアで過去5年間供給されたマンションのうち平均面積が80平方メートル以上で、駐車場が8割以上の世帯にあり、主要駅から5分以内に立地しているのは、このマンションだけです」という具合です。

担当するマンションのNo.1を見つけるためには、過去の物件や現在販売している物件を調べなければなりません。エリアや競合物件の情報収集も不可欠です。担当マンションのNo.1を見つけることができれば、集客のための広告での訴求ポイントも明確になります。
　結果、よい広告が作れ、マンションに住んでほしいターゲットの集客につながります。販売員も自信をもって、マンションを紹介、販売ができます。
　担当するマンションの価値を意味づける上手なルールだと感心しました。このルールは、私たちが取り扱っている商品やサービスでもそのまま活用できるのではないでしょうか。**顧客にとっての自社の商品やサービスの意味を見つけるフローを導入すると、自然と意味づけ力が高まっていきます。**

「ドリル」ではなく「穴」を売る発想

　同様の話はたくさんあります。有名なのは、1968年に出版されたセオドア・レビット著『マーケティング発想法』の冒頭に**「ドリルを買う人が欲しいのは『穴』である」**という格言があります。
　正しく引用すると、「昨年、4分の1インチ・ドリルが100万個売れたが、これは人びとが4分の1インチ・ドリルを欲したからでなく、4分の1インチの穴を欲したからである」というものです。
　ドリルを買いに来た人に、販売員がドリルの性能を説明するのは意味がありません。それよりも「何にどのような穴を開けたいのか？」「誰が開けるのか？」「定期的に開けるのか？」を確認することが重要なのです。これなども我々の仕事の意味を見つけることの参考になるかもしれません。
　唐突ですが、意味づけのために今日1日の振り返りをしてみませんか。私は5年ほど前から、夕方から夜にかけて1日を振り返り「今日の感謝」としてFacebookに投稿しています。これが**自分の日々に意味づけする習慣**になっています。

私は「感謝」という方法をとっていますが、他のテーマでもいいと思います。1日を振り返って、やったこととそれを一緒にしてくれた人の顔を思い浮かべて文章を書きます。たったこれだけのことなのですが、自分の毎日の仕事やイベントに意味を付加することができます。

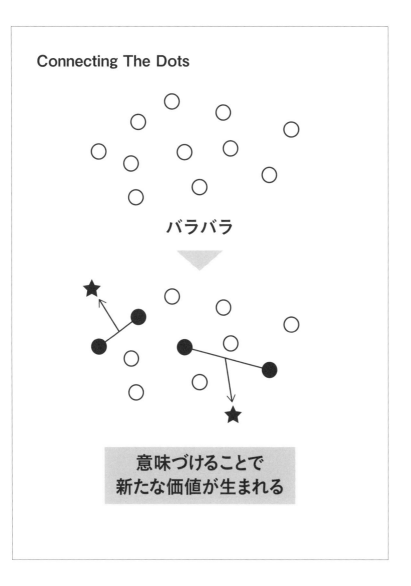

Business 47 Skill / 人の発言や行動の潜在的な理由にメスを入れる

人間の発言や行動には「本当の理由」がある

　ビジネス社会では、1人でできる仕事は限界があり、大半の仕事は誰かと一緒に仕事をするケースがほとんどです。その際に知っておくとよい考え方があります。それがどのようなことでも**「人の発言・行動には理由がある」**ということです。

　ただし、この「理由」は2種類に分けることができます。1つは**顕在的な理由**です。この顕在的な理由に関しては、本人も自覚しています。もう1つの「理由」は、**本人も無自覚な場合が多い潜在的な理由**です。

　この2種類の理由があるのだということを知っておいてください。

本人も自覚している顕在的な理由

　それでは、まず表面的な顕在的な理由についてみていくことにしましょう。

　私が求人広告の新人営業職だった時代の話です。私が訪問すると商談にならない顧客に、翌週、先輩営業職と同行すると大型取引になったという苦い経験がありました。

　その顧客は、私が1人で訪問した際には、とりつくしまもなかったのですが、先輩営業職の前では、自社の採用に関して、こと細かに相談をするのです。「現在、新規事業を検討しており、そのために営業を強化したい。既存の営業職に教育をした方がよいのか、外部から中途採用をした方がよいのか」を先輩営業職に相談をするのです。結果、研修と求人広告の両方の取引をいただくことになりました。

　顧客にとっては、私と先輩営業職の両方とも初対面でした。何が違ったのでしょう。後で顧客に直接聞く機会があったので、聞いてみました。**「当社にとって新規事業の成否は極めて重要であり、その中でも採用と教育はその成功のカギを握っていると考えている。成功の確率を上**

げるために『専門家』に相談をしたいと考えていた。それに当てはまるのが、先輩であった」ということなのです。

　聞けば、納得感のある理由です。顧客は重要な商談だったので、新人ではなく、経験や知識の豊富な先輩営業職に相談をしたのです。明確な理由です。確かに「先輩を選択した」という行動には明確な理由がありました。

　この事例では、社内のしかも私を教育する担当者とのバッティングですが、これが社外の同業企業とのバッティングであったらどうでしょう。私は取引できず、同業他社に取引を取られてしまうのです。

　これは一大事です。

　そこで、それ以降、私は、顧客から採用のプロと見てもらえるように知識を取得していき、そのように振る舞うようにしました。結果、自然と顧客からの相談は増え、取引も増加していったのです。つまり「顧客が私を選択する」という「合理的な理由」を明確にしたのです。

─────□　本人が気づかない潜在的な理由に意識を向ける

　しかし、その後、おもしろいことが分かりました。これが、先ほど触れた「人の発言・行動には理由があるが、本人が明確にその理由を把握していないこともある」ということなのです。

　つまり潜在的な理由です。

　先ほどの例では、顧客自身は、先輩社員に相談をした行動の理由を明確であると説明をしました。先輩営業職が採用のプロであったからだということでした。

　しかし、実は、それ以外にも潜在的な理由があったのです。先輩営業職と顧客は同郷で、しかも同じ学校出身だったのです。**顧客自身も気づいていなかったのですが、知らず知らずのうちに、同郷かつ同窓である先輩営業職に手助けをしてもらいたいと思っていたのです。**また年長者であった顧客は、同郷、同窓の後輩である先輩営業職に取引してあげたいと思っていたのでした。

人間の感情や気持ちを氷山にたとえることがあります。海面から見えている部分は、ほんの一部であり、海面下に大部分があります。そうです。この海面下にある、潜在的な理由に支えられて、顕在的な理由が表面に出ているのです。

　人の発言や行動の背景には、必ず理由となる感情や気持ちがあります。**あなたとのコミュニケーションの上で表面化されている「発言」や「行動」だけではなく、その奥にある2層からなる「理由」に興味を持つように意識してください。**ただし、その「理由」は、本人が認識していないこともありますし、ましてやそれをすべて他人である、あなたに簡単に教えてくれるはずはありません。あなたの経験と事前情報を総動員して類推するのです。少なくともその姿勢が重要です。

　あなたが、相手の行動の背景を理解しようとすれば、他の人とのコミュニケーションレベルは大幅に向上し、仕事上で大きな成果を挙げることができるようになります。

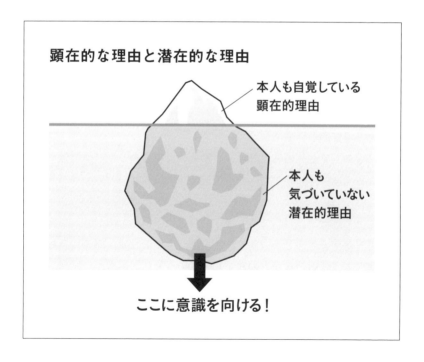

Business 48 Skill / 上司に不満を伝えても、なぜ伝わらないのか？

上司と部下の「もどかしさ」のメカニズム

　他部署のメンバーからときどき、次のような不満を聞くことがあります。

「上司に不満を伝えても、状況は何も変わらないのです。なぜでしょうか？」

　自部署の話であれば、自分で対応すればよいのですが、他部署の話に安易に首を突っ込むと越権行為になる可能性もあるので、慎重に対応する必要があります。

　不満の理由は様々です。戦略を考えていない、戦略と戦術に整合性がない、職場の環境がよくない、評価に関して公平性に欠けるなどです。これ以外にも、一般的な話として、男女の扱いに差別がある、セクハラ・パワハラがあるなども考えられるかもしれません。このような話は日常、どの職場でも大小様々な問題が起こっているかもしれません。

　ただし、先ほど相談を受けたケースでは、「○○に問題がある」といった相談ではなく、前述のように「上司に伝えたのに改善されない」ことに不満を持っているのです。具体的な場面を想定してみましょう。

サラリーマン生命をかけて不満を伝えたのに……？

　職場に関しての問題が大きく、目にあまり、改善の目処がたっていない場合、あなた自身も上司に苦言を呈したくなる場面があるでしょう。上司に不満を伝えると評価に影響があるかもしれません。その後、職場にいづらくなるかもしれません。しかし、勇気を振り絞って、極端に表現すると・サ・ラ・リ・ー・マ・ン・生・命・を・か・け・て上司に不満を伝えます。

　すると想像とは違い、上司も納得してくれたように見えました。「よ

かった。これで一件落着。話をしてみてよかった」と思いました。

　ところが、しばらくしても、何も変わらないのです。あなたは、何も変わらないことに不満を募らせ、その上司と仕事をすることすら嫌になっていきます。そうすると、それ以降あなたが上司に何を伝えても「提案」ではなく「不満」として受け取られてしまうのです。こんな結果を望んでいたのではないのに……。やっぱり会社というものはこうなのかと落ち込んでしまいます。

　どうして、このようなことが起こってしまうのでしょう。その構造を理解しておけば、どのように対応すればよいのか判るはずです。

「伝えたいこと」がどんどん減衰していく理由

　場所は会議室。あなたは上司と面談しています。

　あなたは、上司に対して、日ごろ感じている問題点を伝えようとしています。感情的に伝える方法もありますが、感情的に伝えるのは最後の手段です。あくまでビジネスパーソンとして論理的に冷静に伝える方法を取ります。

　問題点は大きく、仮に数値で表現すると100あるとします。ミーティングが終了しました。あなたは100の問題の大きさを上司に伝えたはずです。しかし、結果としては10分の1の10程度の問題の大きさしか上司には伝わらないのです。

　100あった問題は、どこで減衰してしまったのでしょう。

　まずはあなたの説明の部分で20減点されているのです。上司が相手ですので、あなたは丁寧語で説明します。喧嘩をしたいわけではないので当然ですね。しかし、これでは、あなたの「サラリーマン生命をかけた意気込み」はまったく伝わりません。

　話を続けていくと、上司も少しは問題の大きさに気づいたようです。いつもは見せない、殊勝な態度を取っているのです。反省しているようにも見えます。それを見て、あなたは、言いたいことをすべて言うのを止めてしまいます。これもうまく伝わらないポイントです。ここでさら

に50程度減点されてしまい、100伝えようとしていた問題点は30まで減点されているのです。

しかも、**人は一般的に自分にとってのマイナス点は、様々な手法で合理化してしまいます。**

合理化のわかりやすい例がイソップ童話にあります。

葡萄を取ろうとしていた狐が、葡萄の房の位置が高くて、取れないときに「あの葡萄はすっぱいので、取れなくてよかった」と自分の行動を正当化する寓話です。

この場合の上司も、「苦言を呈してくれたメンバーも、最近、ストレスがあって、私にぶちまけたに違いない」と自分の問題点を合理化し、さらに20ほど減衰して、問題を10くらいだと認識するのです。

上司に伝えたとしても、このような構造になっているのです。つまり、**よほど運がよくない限り1回伝えたくらいでは何も変わらない**ということを理解しておくとよいでしょう。根気よく、品を変え、形を変え、伝えつづけてみましょう。

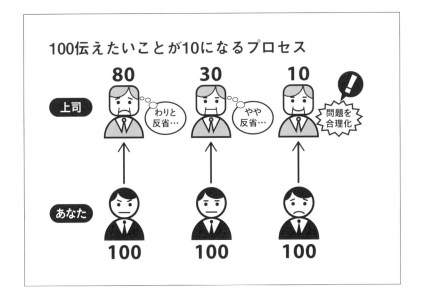

Business 49 Skill / 解決してはいけない課題もあると知る

その課題解決に「経済合理性」はありますか?

会社には**「課題発見屋」**と**「課題解決屋」**といわれる人種がいます。このような表現をすると「総会屋」か何かのようで 仲間内の悪口を書いているように思うかもしれませんが、決してそうではありません。

彼らは一般的にはとても優秀で、次々に会社の課題を発見し、解決していく頼もしい人材なのです。特に課題を発見できる人材は貴重で、めったにいません。当然社内での評価も高く、順調にキャリアを積んで、出世していきます。

ところが、一部の「課題解決屋」は「課題を解決すること」が目的であると勘違いしているのです。

「えっ、どうして?」「課題は解決すべきものですよね?」

さて、何が問題なのでしょう。

実は「解決しない方がよい課題」というものがビジネスには存在します。言い方を変えると、課題の存在を分かった上で、放置しておいた方がよい課題があるのです。

それはどうしてでしょうか。その構造を見ていくことにします。

課題を解決すると新たな課題が浮かび上がる

まず、課題を解決すると、必ず新たな課題が発生するという点を理解する必要があります。**最悪の場合、ある課題を解決すると、それよりも大きい新たな課題が出てくる場合があります。**もとの課題を解決しなければ、この新たな課題は発生しなかったのです。

代表的な例としては、農地不足という課題を解決するために干拓事業を行ったところ、海苔の養殖や近海漁業に影響が起こり、さらに新たな環境問題を発生させた事例などが挙げられます。

ビジネス上で課題を解決したいのは、「課題を放置しておくとムダな

コストを失う」からです。課題を解決することで、このムダなコストの流出をなくしたいわけです。

　このムダに失っているコストの額をL（万円）とします。一方、課題を解決するためにもコストが必要です。先ほどの例では、干拓事業を行うためにダムや堤防を作るコストにあたります。このコストをI（万円）とします。

　もしも、課題を解決したことで、新たに大きな課題が発生しない場合でも、「L＞I」という不等式が成立しない場合は、課題を解決する経済合理性はありません。つまり「L＜I」の場合は、課題を放置しておく方がよいのです。もちろんここでいうコストとは、外部に支払われるコストだけではなく、従業員の手間や機会損失なども含めて多面的に判断する必要があります。

　さらに、課題を解決したことで、新たに課題が発生する場合はどうでしょう。新たに発生した課題で失うコストをL2（万円）とすると、「L＞I＋L2」の式が成立する必要があるのです。もちろん、ここでのL2（万円）の代わりに、この新たな課題を解決するのに必要なコストI2（万円）を入れても構いません。

リクルートで体感した「解決すべきではない課題」の存在

　私が、リクルートの子会社に出向していたときのことです、

　その子会社の社長に、人事のメンバーと一緒に「事業部間でのアルバイトの異動に関して課題がある」という話をしたことがあります。時期や事業部によってはアルバイトの仕事に繁閑があるので、それを調整することで、採用コストや教育コストを削減できるのではないかと提案したのです。

　この提案に対する社長の回答はこうでした。

「2年前であればそうだけど、現在は採用コストも教育コストも下がっているはずで、年間数百万円のオーダーだと思う（同社には当時1000名

のアルバイトがいました)。1億円近くかかっていれば解決したいけれど、数百万円であれば、それをゼロにはできないので、分かった上で放置しておきたい」

つまり、L＜Iであるということでした。確かに精査してみるとこの不等式の関係でした。

課題を見つけると、それを放置しておくことが悪のように思う人が多いものです。私もそうでした。しかも、課題解決策の決済を取る起案書等には、課題を解決することで、新たな課題が発生する可能性に関しては触れていないことが多いのが現状です。

しかし、実際は、課題を解決すると、大なり小なり新たな課題が発生します。これを含めた上で、多角的な観点での経済合理性で、課題解決の是非について判断できるようになると、あなたの仕事のレベルは格段に向上するはずです。

課題を解決してはいけない場合がある

課題を解決してはいけない場合

①課題を解決しても新たな課題が発生しない場合

課題を解決するのに必要なコストが、課題を放置して失うコストよりも高い。

課題を放置しておくことで失うコスト(L) 課題を解決するのに必要なコスト(I)

②課題を解決すると新たな課題が発生する場合

課題を解決するのに必要なコストと、新たな課題を放置しておくことで失うコストの和が、元の課題を放置しておくことで失うコストよりも高い。

課題を放置しておくことで失うコスト(L) 課題を解決するのに必要なコスト(I) ＋ 新たな課題を放置しておくことで失うコスト(L2)

Business 50 Skill / 「もう1つの仕事」に精を出していませんか？
自分の「弱さ」を隠すための努力は不要

ロバート・キーガン『なぜ弱さを見せあえる組織が強いのか』の冒頭に、「もう1つの仕事」の話が載っています。

「組織に属しているほとんどの人が、本来の仕事とは別の『もう1つの仕事』に精を出している。それは、自分の欠点を隠し、不安を隠し、限界を隠し、自分を隠すための仕事をしている。自分の弱さを隠し、自分の印象を操作し、優秀に見えるようにする。無意識にこの『強がり』をするために、時間を使っている。もっと価値を生み出すことにエネルギーを費やすべきではないのか。そうしないと、その損失はあまりに大きい」

思い当たるエピソードがあります。

ある大阪のマネジャーのエピソード

以前、私が情報誌の企画マネジャーをしていた当時の話です。
その情報誌は、全国エリアごとにバラバラの商品、バラバラの価格体系、バラバラの製造工程でした。それを全国で同じ商品、同じ価格体系、同じ製造工程にするという標準化を志向したことがありました。
これには様々なメリットがあります。最もいい方法を全国の他地域にも横展開できます。価格体系も標準化するので、顧客との値段交渉も少なくなります。経験の浅い営業担当も営業効率がよくなり、立ち上がりが早くなります。
もちろん大きな変更ですので、変更当初は混乱も想定されます。丁寧に各エリアの部長に説明したところ、ほとんどの組織責任者はその意義を理解してくれて、了承を得ることができました。

ところがある大阪のマネジャーが、**「納得がいかない」**と私を飛ばして上司に直談判しに東京にやってきました。
　私の上司との面談時の資料には、大阪のマーケットについての綿密なデータと、今回の施策が大阪では無理だと理路整然と書かれていました。とはいえ、その理屈には穴もたくさんあり、その会議に同席していた私としては、十分反論は可能でした。
　ところが私の上司は、その内容に反論することなく、ひと言つぶやいたのです。

「いやー、あなたは本当に賢いな。その賢さと情熱とエネルギーをこの施策ができないことを説明するために使うのではなく、中尾を助けるために使ってくれないだろうか」

　大阪のマネジャーは、様々な質問に対して準備してきたのだと思います。しかし、このような質問というか依頼に対しての回答は想定していなかったようでした。
　すっかり毒気を抜かれた彼は、「分かりました」と上司に伝え、1週間後にどうやったら実現できるかというレポートを作成し、標準化施策を積極的にけん引してくれました。

「弱さ」を隠すために費やす労力は無駄

　研修の価格体系を整備したときにも同じような反応がありました。研修の価格体系は、「①講師単価×研修日数＋②受講料金×参加人数＋③諸経費」となっています。
　当時、①の研修講師単価が6種類、②の受講料金が7種類、③の諸経費が5種類ありました。組み合わせると20パターン以上になります。顧客ごとに研修日数や参加人数も異なります。簡単な計算式なのですが、すべてが変数なのです。
　これでは経験の浅い営業担当は頭がこんがらがってしまいます。しか

も顧客に研修の日数と受講人数を確認しないと、正確な価格を計算できません。顧客から価格を聞かれるたびに、スマホの電卓機能で計算をしなくてはいけなかったのです。これでは営業効率が悪すぎます。

そこで価格体系のシンプル化を決定しました。

①研修講師単価、②受講料金、③諸経費の種類を半減したのです。顧客が決定する研修日数や、参加人数も標準の数値を定めました。これで顧客から質問を受けても、簡単に回答ができます。

ところが大口顧客を担当しているベテラン営業担当が反対したのです。具体的な例をもって、顧客から大クレームが入って売上が下がると恫喝（私にはそのように感じました）してきたのです。

正直、かなりひるみました。ところが小口顧客を担当するコールセンター営業のトップに話を聞きに行くと、「まったく問題ない。それどころか、シンプル化してくれれば拡販が見込める」というのです。若手営業も賛同してくれました。

本来営業力があるはずのベテランから無理だと言われ、営業力のないはずのコールセンター、若手からは賛成を受けたのです。

事前に顧客満足度調査を行い、それを偏回帰分析（どの項目の影響が大きいか）して、大口顧客は価格よりも研修成果によって満足度が変化することを押さえました。

つまり顧客は予算の管理はしているものの、研修成果の方をより重要にみていたのです。

難しい判断でしたが、価格体系整備を断行しました。結果、1社からもクレームが入りませんでした。それどころか、営業担当の行動生産性が向上し、売上も増加しました。

大阪のマネジャーもベテランの営業の行動も、まさにキーガンのいう「弱さを隠す」ために使っている時間ではないでしょうか。まったくの無駄です。

みなさん自身、あるいは周囲の方が、この「もう1つの仕事」に精を出していたとするならば、組織の生産性は大幅に低下します。定期的にチェックしたいものですね。

第6章

マネジメントの原理原則を身につける

Learning the Principle of Management

この章では、マネジメントについて学びます。「マネジメント」というと管理職のための章だと思うかもしれませんが、誰にでも役立つ内容にしています。

　一般的にマネジメントいうと「管理」を意味し、辞書を引くと「ある基準から外れないよう、全体を統制すること」と出てきます。何かをチェックするようなニュアンスですね。

　相手が機械や部品を扱う「品質管理」や「生産管理」であればよいのですが、人を扱うマネジメントでは、この発想ではうまくいきません。人はそもそも多様で価値観が違うからです。そこが難しく、一方で楽しく、やりがいがあります。

　ちなみにマネジメントをするにはスキルが必要です。大別すると2つのスキルです。1つは、**人のマネジメントスキルである「PE：People Empowerment」**のスキル。もう1つは、**仕事やプロジェクトのマネジメントスキルである「PM：Project Management」**のスキルです。ここで「スキル」と表現しているのは、習得が可能だからです。しかし、一方で、これらのスキルがない（習得していない）人が、マネジメントを担うのは、技術がない人が外科手術をするようなものです。

　仮にそれでうまくいったとしても、偶然にすぎません。

　しかし、日本企業では長く働いていた人、別の功績（例えば営業成績）があった人をマネジメントにつける悪しき習慣があります。これはマネジメントが偉いという誤解があるからです。

　マネジメントは、単にスキルを保有している1つの役割に過ぎません。

　ですので、本来は偉いとか偉くないという話とは無関係なのです。

　現在マネジメント職を担う方には、この章を読んでスキルを確認していただきたいです

　また、マネジメントを行う対象は、部下に限りません。この2つのスキルを習得できれば、自分自身のマネジメント、家族や地域社会でのマネジメントスキルにも転用できます。マネジメントスキルは、その応用範囲がとても広いのです。

この章は次のような方に役立つと思います。

- ☑ 現在マネジメント職に就いている人
- ☑ 将来マネジメント職に就きたい人
- ☑ 上司、部下とのコミュニケーションが苦手な人
- ☑ 上司の気持ちが分からない人
- ☑ 仕事の段取りがよくない人

この章には、これらを解決するための12の原理原則（ヒント）が載っています。

� ...

51 マネジメントをめぐる致命的な2つの誤解
52 人の管理はエンパワーメント
53 ジョブアサインメント
54 9ボックスの活用
55 できるマネジャーのフィードバック
56 仕事の管理はすべてプロジェクトマネジメント
57 PMBOKの基本
58 組織に共通言語を創る重要性
59 YMC（弱みを見せあうカフェ）
60 PDCAより使いやすい「PDDS」
61 KPIマネジメント
62 数字で管理することの是非

Business 51 Skill / マネジメントをめぐる致命的な2つの誤解

マネジメントは「偉い人」の仕事ではない

　マネジメントというと、日本語では「管理」と訳されることが多いですね。「管理する」というのは誰かをチェックするイメージがつきまとい、あまりいい印象がありません。マネジメントを担当する管理職＝マネジャーへの印象も決してよくありません。

　管理職は責任だけ大きくなり、それに見合うベネフィット、例えば給料が上がらないのでやりたくない人が増えているというデータもあります。特に中間管理職については、上級管理職と現場に挟まれて大変な仕事なのでなりたくないという声もあります。

　一方、ティール組織やホラクラシー型の組織などが注目を浴びていますが、これらの組織では階層がありません。管理職自体が不要なのではないかという議論も最近盛んです。私は30代後半からマネジメントをコアスキルにして生きていこうと決めたので、このような状況はかなりの逆風です。

　しかし、マネジメントあるいは管理職＝マネジャーについて大きな誤解があると感じています。それは次の2点です。

①マネジメントに必要なのはスキルより経験
②マネジメントは管理職の仕事

本章ではまず、この2つの誤解について解いていきます。

致命的な誤解①
「マネジメントに必要なのはスキルより経験」

　まずはっきり言えることですが、**マネジメントにはスキルが絶対に必要です。スキルなので習得ができます。逆に表現すると、スキルがないとマネジメントはできないのです。**ところが、とても不思議なのです

が、マネジメントを学ばなくても会社で働いて経験を積めば、できると思っている人がとても多いのです。

　その証拠に、例えば新卒で入った会社で「10年経ったので、そろそろ管理職にしよう」という話が挙がります。これなどは、社会人経験を一定年月過ごせばマネジメントができると考えている証拠だと思います。あるいは、管理職になってから新任管理職研修を行う会社が大半です。スキルを保有していない管理職を任用してから、促成栽培をしているわけです。これなども経験だけでマネジメントができると勘違いしている証拠の1つです。

　なぜ社会人経験、あるいは年齢などで管理職にしようと考えがちなのでしょうか。これは「管理職は一般従業員よりも偉い」と考える過去のメンタルモデルに引っ張られているからです。かつて製造業中心の高度経済成長の時代は、経験年数と習熟度に相関がありました。つまり経験がある人は、経験がない人よりも優位だったわけです。

　しかし、変化が大きな時代になり、過去の経験だけでは乗り切れません。しかしながら、管理職任用には過去の運用が色濃く残っているというわけです。

致命的な誤解②「マネジメントは管理職の仕事」

　次に「マネジメントは管理職の仕事」という誤解です。

　あるIT企業では、一般従業員を「専門職」と呼んでいます。専門職は1つの卓越した専門性を保有することが求められています。そして専門性が2つ以上になると上級専門職に昇格します。その際の1つの専門性が「マネジメント」である人が管理職に任用されます。

　管理職は他の上級専門職と比較して偉いとか偉くないとかではなく、単なる「専門性の違い」と捉えているのです。

　つまり、マネジメントは管理職の仕事ではなく、単なる役割にすぎないのです。

マネジメントに必要な基本スキルとは

では、マネジメントにはどのようなスキルが必要なのでしょうか。大別すると2つのスキルが必要です。

1つは**「人の管理」**。もう1つは**「仕事の管理」**です。

前述のように「管理」という言葉の意味が勘違いされています。何も人の行動をチェックしないといけないであるとか、意味もなくタスクを細かくチェックしろと言っているのではありません。

言い換えると、「人の管理はPE（ピープル・エンパワーメント＝やる気になってもらう）」であり、「仕事の管理はPM（プロジェクトマネジメント）」です。

つまり、あるべき姿で考えると、**「この2つのスキルを習得した人が役割として管理職になる」**ということなのです。

マネジメントに必要な2つのスキル

マネジャー

経験年数・習熟度 ＜ スキル

マネジメントに必要な**2つのスキル**

①人の管理＝**PE**（ピープル・エンパワーメント）

②仕事の管理＝**PM**（プロジェクト・マネジメント）

Business 52 Skill

人の管理はエンパワーメント

優れたマネジャーは「W」「C」「M」の輪を調整する

　それではマネジメントに必要な2つの基本スキルのうち、1つめの「PE（ピープル・エンパワーメント）＝やる気になってもらうこと」について考えていきましょう。

PE（ピープル・エンパワーメント）における3つの要素

　仕事に限らず、人はどのようなときにがんばるでしょうか。それは「やりたいこと」をやっているときではないでしょうか。その人のやりたいことを「Will」あるいは「Want」と表現し、頭文字の「W」と略します。

　何かやりたいことがあると、それを実現するために努力し、そのためのスキルを習得します。つまり「できること」が増えていきます。これを「Can」と表現し、同じく頭文字の「C」と略します。

　一方で仕事に関して、その人に担ってほしいことがあります。いわゆるミッションや担当業務です。これを「Must」と表現し、頭文字の「M」と略します。

　この3つの観点W・C・Mをそれぞれ円で表現してみます。働く個人にとって、どのような3つの輪の状態が好ましいのでしょうか。次のページに3つの典型的なパターンを図で表しています。

3つの輪の重なり方をみる

　1番上の輪の関係性（❶）は、Wの輪がなく、Mの輪とCの輪が離れています。つまり**やりたいことが不明確な状態**です。

　加えて、会社から求められているMの輪と自分ができることを表すCの輪に重なりがありません。こちらは今の自分のスキルではできない業

務を会社から求められているわけです。これはかなりつらい状態です。やりたくもなく、できない業務をやらなければいけないのです。

2つめの輪の関係性（❷）もWの輪がありません。しかしCの輪の中にMの輪が含まれています。つまり**会社から与えられたミッションを現在のスキルで実現できること**を表しています。

一見、いい状態のように考えられます。ところが、この状態が長く続くとまずいのです。なぜでしょうか？

現在のスキルでミッションを遂行できるので、新たなスキルを習得す

るモチベーションがわきにくいのです。現在は時代の変化に合わせて私たちも変化していくことが求められます。つまり、学びつづけることはとても重要なのです。ところが、このような状態が続くと、学びつづける習慣がなくなってしまう可能性が高いのです。これは長期で考えると大きな課題です。

3つめの輪の関係性（❸）はとてもよい状態です。外側にWの輪とMの輪が重なってあり、内側にCの輪があります。つまり、**自分のやりたいことと会社が求めることが一致しています。きわめて喜ばしい状態です。**

そしてCの輪が内側にありますので、現在のスキルでは、やりたいこと＝会社が求めることを遂行できないのです。当然ながら、スキルの習得が必要になります。スキルを習得して、やりたいことができるようになる。とても嬉しいことですよね。みなさんも経験があると思います。

マネジャーの仕事は3つの輪を調整すること

つまり、**マネジャーにはメンバーのWとCを理解した上で、Mを割り振る役割が求められます。**そして、可能な限り図の❸の状態を目指すようにメンバーとミッションのアサインを行う必要があるのです。

これを私は**「PE：ピープル・エンパワーメント」**と呼んでいます。ちなみにピープルの対象は部下（メンバー）だけではありません。自分自身も含まれます。自分で自分をエンパワーメントするのが最終ゴールです。

私がかつていた組織では、目標管理制度を導入していたのですが、メンバーの3年後のWとそれを実現するために必要なCと会社が求めるMを明記するような運用になっていました。

後述する「ジョブアサインメント」「9ボックス」などは、これらを具体的に実施する方法の1つです。併せて参考にしてみてください。

Business 53 Skill / ジョブアサインメント

メンバーをゴールへと導く基本スキル

ジョブアサインメントとは、狭義に捉えると**「ミッションをメンバーに割り振ること」**です。少し広義に捉えると**「ジョブ設計を行うこと」**になりますが、実はさらに広義に捉えるとマネジメント全体といっても過言ではないほど重要なスキルなのです。

ところが、このジョブアサインメントをきちんと学んだ人は少ないのではないでしょうか。ここではジョブ設計としてのジョブアサインメントについて学びたいと思います。

ジョブアサインメントの基本3ステップ

ジョブアサインメントは、基本スキルと応用スキルに分けられます。まず基本スキルから説明します。

基本スキルは次の3つのステップからなります。

①ゴールの明確化
②ゴールから逆算した計画の策定
③スケジュール作成

「①ゴールの明確化」とは、ミッション定義書を作成するパートになります。組織の主要ミッションごとに、(1) ゴール、(2) 現在の仮説、(3) プロセス、(4) モニタリング方法、(5) 達成基準を明確にして1枚にまとめます。このミッション定義書は、進捗後、必要に応じて加筆・修正します。

この1枚を作ることで、すべてのプロジェクトメンバーが、ミッションについての概要を把握することができます。**名著『1分間マネジャー』**でも、この作成の重要性が語られていますね。

「②ゴールから逆算した計画の策定」とは、ゴールに必要なタスク、作業を逆算して計画することで、無駄な業務を減らし生産性を高めることを指します。

「③スケジュール作成」は、②で作成した計画をもとに適切なプロジェクトバッファーを設定し、不慮の事態に対応できるようにすることを指します。ここまでが基本スキルです。

ジョブアサインメントの応用スキル

応用スキルは2つのステップからなります。

①ストレッチミッションの設定
②全メンバーのミッションの見える化

「①ストレッチミッションの設定」とは、困難を想定してミッションを設定することです。先ほどのW・C・Mの輪の関係で一番いい状態を確認してみてください。現在のCだけではできないミッションを与えることがよいわけです。これは1つ上の視界から設定しているマネジャーだからこそできるのです。

あまりにMとCのギャップが大きく異なると、メンバーは達成をあきらめてしまいます。ほどよい難度のミッション設定を行うのが腕の見せどころです。特に難易度の高いミッションを遂行すると、問題が起きがちです。どこで困難が発生するのか、社内外での調整が必要になるのかを想定しておきます。

そして、**困難な壁にぶつかるまでは放置しておき、ぶつかった場合にのみ介入するのがポイントです。**私も新人の営業時代に、自分の能力を高めないと提案できない顧客を担当したケースがまさにそうでした。この機会のおかげで、私の営業での視野、視点が高まりました。

「②全メンバーのミッションの見える化」は、私オリジナルのツールで、**「大きなエクセル」**と呼んでいます。

下図にそのイメージを掲載しておきました。表側（表の縦部分）に主要なミッションを記載します。そして表頭（表の横部分）にメンバーの名前を記載します。そして、その交点にミッションシェアを記入します。個人のミッションシェアの合計は100％になるようにします。

　すると、ミッションごとに関係者と合計の工数が把握できます。そのミッション達成に必要な工数の多寡を確認しながら、全メンバーのミッション設定ができるのです。

　この一覧表を作ると、同じミッションにおける、ミッションの難易度も相対的に比較が容易にできます。メンバーのミッション設定前にこの「大きなエクセル」を作成することをお勧めします。

大きなエクセルで全メンバーのミッションを見える化する（組織長の例）

	企画統括室ミッション	合計	経営企画 A	戦略推進 B	購買・P C	採用1 D	採用2 E	人事教育 F	人事部 G
			100	100	100	100	50	100	100
組織長ベース	・メンバー育成 ・他組織との協働 ・業務の標準化・見える化 ・ワークスマートプロジェクトへの協力	0	0	0	0	0	0	0	0
企画・総務購買系業務	情報収集（社外）	20	10	10					
	情報収集（社内）	0							
	全社戦略立案および実行	40	20					20	
	ボード運営	20	20						
	企画統括部運営	10	10						
	モニタリング（見える化）	10	10						
	総務系業務	20	20						
	社外広報戦略立案及び実行	30		30					
	社内広報戦略立案及び実行	30		30					
	統括部間共有	20		20					
	ITM統括部運営	20		20					
	ITS統括部運営	10		10					
	購買戦略立案	20			20				
	有利購買	20			20				
	購買業務システム化	20			20				
	購買の見える化	20			20				
	購買業務啓蒙（偽装防止など）	10			10				
人事系業務	人事企画業務	30						20	10
	人事・人事教育運用業務	20						20	
	育成戦略立案・実行	30						30	
	採用計画立案・実行	70				40	10		20
	採用活動の進捗報告および修正計画	50				20	10		20
	採用目標の達成	70				30	20		20
	スマートワーク	10	0	0	0	0	0	0	10
	※内部統制	10							10
	イノベーション	70	10	10	10	10	10	10	10

Business 54 Skill / 9ボックスの活用

メンバーのモチベーションとスキルを把握する

　ジョブアサインメントの「大きなエクセル」を作成することで、ミッションと個人を割り振ることができました。次はミッションごとにマネジャーはメンバーに対してどのような関与（委任・援助・コーチング・指示命令）をするとよいのかを確認するツールが**9ボックス**（212ページの図参照）です。これは私が名著『1分間マネジャー』『1分間リーダーシップ』を参考に作成したツールです。この活用方法を3つのステップで説明したいと思います。

ステップ❶ マネジメント基準を「人」から「ミッション」に変える

　私が社会人になった30年前は、部下がやること、すなわち「ミッション」は上司によって明確に決められていました。経験の浅い部下に対して、上司は自分自身の経験から各論の指示を行うというマネジメントが主流でした。この方法では、上司は部下から定期的に報告・連絡・相談（報連相）を受け、その都度指示し、軌道修正を求めます。

　部下の成長に従い、上司は、細かく指示する→ある程度任せるというマネジメントスタイルに変化させ、部下の自律自転を促しました。つまり、経験の浅い部下には「指示」し、中堅以上の部下には「委任」するという、働く人の習熟度を基準とした「人」基準のマネジメントでした。

　これを「ミッション」基準に変えていくのです。

ステップ❷ マネジメントスタイルの引き出しを増やす

　では、「ミッション」基準にしたときにはどのようなマネジメントが必要になるのでしょうか。K・ブランチャードらが、1980年代に執筆し

た『1分間リーダーシップ』において、マネジメントのスタイルとして「**指示型**」「**コーチ型**」「**援助型**」「**委任型**」の4つを挙げています。

　従来多くの日本企業では、前述のように「人」基準のマネジメントをしていたので、「指示」の多寡によって、指示が多い場合は「指示型」、少ない場合の「委任型」の2つのマネジメントで十分でした。

　先行きが不透明な時代にマネジメントの基準を「人」から「ミッション」に切り替えていくには、「援助型」「コーチ型」のスタイルも柔軟に使い分けられるようにしておく必要が出てきました。4つのマネジメントスタイルについて補足をしておきましょう。

①指示型：指示多×援助少
上司は細かく指示、コントロール、監督をする。部下は頻度高く報告・相談・連絡をする

②コーチ型：指示多×援助多
上司は、部下自ら考えるように援助をし、必要に応じて指示する。部下は、定期的に報告をする。

③援助型：指示少×援助多
上司は、聞き、促し、褒める。上司がプロジェクトメンバーになるケースもある。部下は、主体的に動き、定期的に報告する。

④委任型：指示少×援助少
上司は委任し、事前に明示したOBラインを超えない限り見守る。部下は、定期的に報告する。

ステップ❸ 9ボックスを活用してマネジメントする

　では、どのようなミッションに対して、どのマネジメントスタイルが適切なのでしょうか。これを決めるにあたっては、ミッションごとに、部下のモチベーションとスキルの状態を正確に把握することが必須です。これに活用できるのが「9ボックス」です。

　9ボックスは、モチベーションとスキルのマトリックスです。部下の

モチベーションとスキルをマトリックスにしてマネジメントを決定するわけです。横軸にモチベーション（やる気）を高中低で3分割し、縦軸にスキル（コンピテンシー・能力・経験）を高中低で3分割し、合計で9分割された図を準備します。

この図を使って、上司と部下で、ミッションごとに9象限のどこに当てはまるのか確認します。

例えば、部下のミッションについて、上司と部下それぞれが、9象限のどこに該当するのか考え、同時にその場所を指します。同じ場所を指させば、ミッションに対する認識が同じであることが分かります。

場所が異なる場合は、認識の差を確認し、すり合わせていきます。その際に、モチベーションの軸は部下本人の意見を、必要なスキルの軸は上司の意見を優先すると合意がとりやすいでしょう。

確認された9象限のエリアにより、適切なマネジメントスタイルが分かります。

①やる気を示す横軸は「高」、必要な能力を示す縦軸が「低」の場合
⇒指示型
②必要な能力を示す縦軸が「中」であれば
⇒横軸にかかわらずコーチ型
③縦軸が「高」で横軸は「低」「中」の場合
⇒援助型
④両軸とも「高」を示す場合
⇒委任型

「委任型」の場合、上司は事前にゴールとOBゾーン（やってはいけないこと）を明確にし、それ以外は見守ることがポイントです。

ちなみに、やる気も低く、必要なスキルを持っていない一番下の左端と左から2つの場合、このミッションをその部下に付与するのかどうか再検討が必要になります。

私自身、スタッフ部門、接客部門、IT部門、研究部門とさまざまな

部門でマネジメントをしてきました。自身にとっては専門外のミッションで、部下の方がスキルを持っていること、自分の専門分野ではあるものの、上司の自分も部下もともに初めて取り組むようなミッションもありました。その中で15年以上にわたってこのステップを実践してきました。

どの組織でもフィットしましたので、広範囲に活用が可能だと思います。部下との具体的なマネジメントに悩んでいる方の参考になれば幸いです。

【参考記事】
部下のマネジメントに悩んだら：ボタンの掛け違いはこの3ステップで解決できる
https://www.businessinsider.jp/post-107493

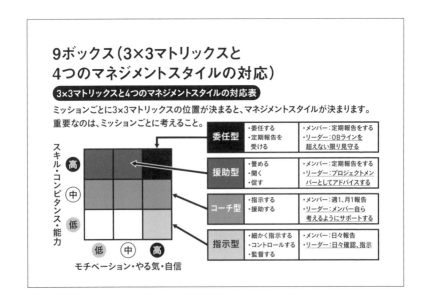

Business 55 Skill / できるマネジャーの
フィードバック

最も重要な「フィードバック面談」の注意点

マネジャーにとって、メンバーとのコミュニケーションが重要なことはわざわざ説明するまでもありません。目標設定面談、日々の面談、定期的な1on1面談、中間面談、振り返り面談、評価フィードバック面談。あるいは定例の朝会、部会や課会などたくさんの接点があります。

しかし、その中で最も重要な場面は何かと質問された際に、すぐに回答できる方は少ないのではないでしょうか。

いくつかの回答があり得ると思いますが。私は**「評価フィードバック面談」**だと思うのです。これは私が研修会社のマーケティングをしていた経験によります。いわゆるマネジャー向けの階層型研修（課長研修、部長研修など）に加えて、スキル研修開発を検討している際に気づいたことです。最も失敗してはいけない場面が評価フィードバック面談なのです。

評価フィードバック面談は、前期の査定結果をフィードバックするミーティングです。ここの納得性が高ければ、今期もがんばってくれるのですが、逆に納得性が低いと、今期のミッションへのやる気を損ねてしまいます。つまり他の面談と比較して、その巧拙によるインパクトが大きいのです。

効果的な評価フィードバック面談を行うには、①**目的の明確化**、②**事前準備**が重要です。それぞれのポイントを説明しましょう。

評価フィードバックのポイント①　目的の明確化

まず**「目的の明確化」**です。これは目的をどのように設定するのかということです。評価を「フィードバック」する面談という名称ですから、評価結果を伝えることは最低限必要です。例えば、10段階評価で標準が5の場合に、そのメンバーの評価数値がいくつかを伝えます。

ただ、数値を伝えただけでは、メンバーが納得しないかもしれません。次に必要なのは、**その評価にした理由**です。当然ですが、「○○（上司の上司や人事部門）がつけた評価だから」などというフィードバックは、理由を説明したことになりません。

　評価結果について、きちんと理由を把握して、説明することがポイントです。つまり、査定結果を伝えるとともに、その理由を伝えるために前期をきちんと振り返ることが必要です。そしてメンバーに評価結果に対して納得してもらうことが重要なのです。

　しかし、評価結果はあくまでも過去です。いまさら変更もできません。未来は今から始まるので、未来をどう作るのかを議論し、コンセンサスを得ることがより重要になります。

　つまり、そのメンバーに担ってもらうミッションの重要性をきちんと伝え、ピープル・エンパワーメント（やる気になってもらう）する必要があるのです。その際に、メンバーの将来のビジョンなどと接点を作ることができればなおよいでしょう。

　ついつい過去の評価の話に終始しがちな評価フィードバック面談を、過去に加えてどうやって未来に向かってがんばっていくのかを議論する場にすることが「目的の明確化」の本当の狙いです。

　そのためには「②事前準備」が必要となるのです。

評価フィードバックのポイント②　事前準備

　事前準備として、評価フィードバックをするために評価理由を自分の言葉で説明できるようにしておく必要があります。当然ながら今から始める今期の全社のミッション、所属部署のミッションとメンバーのミッションを把握する必要があります。

　加えて、メンバーのObjectives（目的）あるいはWill（やりたいこと・なりたい姿）を把握する必要があります。これを知らないと、メンバーとの会話が空中戦になってしまうのです。

　私はメンバーの評価フィードバックの際に次の2項目を加えて伝える

ようにしていました。

1つは**「感謝していること」**です。具体的には、そのメンバーのおかげでできたこと、あるいは私自身が助かったことです。これを伝えるのは効果的なのですが、簡単ではありません。評価フィードバック面談直前に考えただけではつけ焼刃になってしまうのです。

それを防ぐために、日常的に感謝することがあれば、メモしておきます。これを期末にまとめてプリントアウトして渡します。こうすることで、評価フィードバック面談の場が、かなりなごみます。アイスブレークのラポールネタとしても最適ですね。

もう1つは、**メンバーのWillを私自身がどのように把握しているのかを伝えます**。まだ把握できていない場合は、それを伝えます。できる限り、このWillに近づくようにミッションを設定したいことをメンバーに伝えます。このずれをなくす努力があると、メンバーのWillを把握できる可能性が高まります。

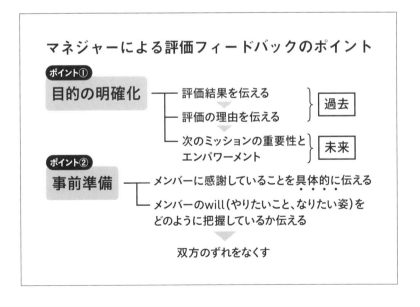

Business 56 Skill / 仕事の管理はすべてプロジェクトマネジメント

マネジャーに求められる基本スキル

　さて次は、マネジメントに必要な2つめのスキルである「仕事の管理」についてです。「仕事の管理」というと進捗をチェックすることと勘違いしている人が多いのですが、進捗を管理するのは、「仕事の管理」のほんの一部分にすぎません。**「仕事の管理」に本当に必要なスキルは、「PM：プロジェクトマネジメント」です。**

「プロジェクトマネジメント」というと、狭義に捉えてシステム開発で使うスキルではないかと勘違いする人がいます。あるいは自己流でプロジェクトを運営したことがあるので経験がある、あるいは私はできると勘違いする人が多いです。

　プロジェクトマネジメントはスキルです。よって、学べば誰でもできます。しかし、一方で学ばないで自己流では事故を起こしてしまいます。マネジャーの仕事の半分は仕事の管理です。**つまりマネジャーと名乗る人は、すべてプロジェクトマネジメントのスキルが必要なのです。**

　このことをまずは理解してほしいのです。

プロジェクトを進める前に把握すべき3つのポイント

　マネジャーは、担当する業務、ミッションすべてをプロジェクトだと考えてください。プロジェクトは、スタートする前に次の3つのポイントの把握が必要です。

①スコープ（目的と人・モノ・金の情報）
②体制図（参加者と役割）
③スケジュール

　例えば定例会議をプロジェクトと捉えて設計する場合をイメージして

みましょう。

①〜③を決めて臨むと効率的に会議を実行できます。しかし、これら①〜③を決めずに実行している会議がたくさんあります。

具体的には、①会議のアジェンダごとの目的と時間を明確にする、②参加者の役割を明確にする、③会議までの準備と会議当日の時間割を明確にする。これだけのことで、会議の生産性は大幅に向上します。

ところが、実際は、これら①〜③を不明確なまま実施する会議が実にたくさんあるのです。「仕事の管理」ができているかどうかをチェックするポイントの一例はここで分かります。

プロジェクトマネジメントについてはたくさんの書籍があります。あるいは流派もあります。私のお勧めは、基本編としてのPMBOK（ピンボック）(Project Management Body of Knowledge)、応用編としては「はじめに」で触れた制約条件理論（Theory of Constraints）です。

10年ほど、これら2つのプロジェクトマネジメントスキルの講義を社内でしています。では、次項以降でPMの重要ポイントについて見ていくことにしましょう。

**プロジェクトをスタートする前に
押さえるべき3つのポイント**

会議をプロジェクトに捉えると

①スコープ 目的と人・モノ・金の情報	→	会議のアジェンダごとの目的と時間を明確にする
②体制図 参加者と役割	→	参加者の役割を明確にする
③スケジュール	→	会議までの準備と会議当日の時間割を決める

Business Skill 57

PMBOKの基本

プロジェクトの「目標」を明確にするステップ

PMBOK(ピンボック)とは、プロジェクトマネジメントの基本的な体系をまとめたものです。この内容を知らない人がプロジェクトをやれるといった場合は、疑った方がいいくらいの基本的な考え方です。

PMBOKは下の図のように10のステップがあります。

私が今までいた組織で、我流でプロジェクトマネジメントをやっている人たちは、①⑥⑦⑧⑩が不得意な人が多かったです。

みなさんはいかがでしょうか。

PIMBOKのステップ

プロジェクトの発足と目標の明確化
① 目標を明確にする

計画
② 作業を分解する
③ 役割分担して所要時間を見積る
④ 作業の依存関係を調べて、クリティカルパスを見つける
⑤ スケジュールを作る
⑥ 負荷をならす
⑦ 予算を作る
⑧ リスクに備える

実行とコントロール
⑨ 進捗を管理する

まとめ
⑩ 事後の見直しをする

特に「①目標を明確にする」の「明確」にする部分が不得意でした。ここでは、この「①目標を明確にする」と、プロジェクトの登場人物についての確認をしたいと思います。

目標を明確にする7つのステップ

PMBOKをすでに習得している人たちにとっては、目標を「明確」にするのは当たり前です。これを明確にしていない起案に関しては、議論さえしません。

この「①目標を明確にする」のポイントを説明しましょう。この部分がプロジェクトの成果に大きく影響を及ぼすのですが、プロジェクトマネジメントを学んでいない人は、ここを後回しがちです。

ここがかなり弱いのです。

「①目標を明確にする」を分解すると、次の7ステップからなります。プロジェクトを管理するプロジェクトマネジャーの立場で表記してみましょう。

❶プロジェクトオーナーの真のニーズを把握する。
❷最終成果物を決める。
❸3つの要素（下記参照）の優先順位を決める。
❹プロジェクト目標を文章にする。
❺変更管理の手順を決める。
❻基本ルールを決める。
❼プロジェクトファイルにまとめる。

ちなみに「❸3つの要素」とは、(1)プロジェクトで達成すべき固有の目的＝スコープを決める、(2)納期や所要時間（工数）を決める、(3)リソース（人モノ金など）の制約を決める、の3つです。

プロジェクトの登場人物の役割

さて、次にプロジェクトの登場人物の役割について確認しておきましょう。プロジェクトでは、登場人物の役割を明確にする必要があります。イメージしやすくするために、ここではオーケストラがコンサートを実施する場合にたとえて説明します。

まずは**プロジェクトオーナー**。

今回のコンサートをどのようにしたいのかを考える出資者です。今回、どのようなコンサートを実施するのかという目的（スコープ）を決め、いつ実施するのかという日時（納期）を決めます。そして今回のコンサートにかける資金やメンバーなどのリソースを決める責任を負っています。つまり次に説明するプロジェクトマネジャーにすべてを丸投げしてはいけない重要なポジションです。

次に**プロジェクトマネジャー**です。

とても重要なポジションです。コンサートでいうと指揮者です。当然ながら、すべての演者（プロジェクトメンバー）は、演奏中は指揮者の指揮棒に従わなければいけません。それはプロジェクトオーナーであっても同じです。出資者（プロジェクトオーナー）がコンサート前に指揮者（プロジェクトマネジャー）に何か要望をするのは問題ありません。しかし、コンサートが始まった後は、指揮者にすべての権限を委任しなければなりません。

ところが、出資者（プロジェクトオーナー）がプロジェクトの3要素（スコープ・納期・リソース）を明確にしていない場合があります。その際には、指揮者（プロジェクトマネジャー）は、3要素を明確にして出資者（プロジェクトオーナー）とコンセンサスを得る責任を負っているのです。

加えて、プロジェクトの成果としてのQCD（品質・コスト・納期）の優先順位を決める責任、あるいは権利も持っています。それくらいプロジェクトマネジャーは重要なポジションになっているのです。

それでは、最後の役割である**演者（プロジェクトメンバー）**は、どのように考えればよいでしょう。演者（プロジェクトメンバー）はそれぞれの楽器のプロフェッショナルです。自分の楽器演奏のレベルを高めることはもちろん、演奏が始まったら指揮者（プロジェクトマネジャー）の指揮に従って演奏を行うことが求められます。指示がない場合は、黙って待っていなければなりません。

　しかし、実際は年配のプロジェクトメンバーが、年若のプロジェクトマネジャーをけなしたり、極端なケースは罵倒している場合もあります。こんなことが実際のオーケストラで起きたとしたら大問題です。

　プロジェクトの役割、オーケストラの演奏を題材にして説明しました。イメージがついたのではないでしょうか。

　ここではPMBOKのさわりだけを解説しましたが、さらに詳しく学びたい方は、『プロジェクトマネジメント知識体系ガイド（PMBOKガイド）』などを参考にするとよいでしょう。

Business 58 Skill / 組織に共通言語を創る重要性
価値観の共有が意識を変え行動を変える

　みなさんの組織にも、組織の中だけで通用する共通言語があるのではないでしょうか？　**優れたマネジャーになるためには、組織にポジティブな共通言語を創り出すことを意識する必要があります。**

　私がいたリクルートグループでは、例えばATI（圧倒的な当事者意識）という共通言語がありました。何らかのプロジェクトを実施する際には、誰かに言われたのではなく「自らATIを持って実行しましょう」という風に使っていました。

　略語ではありませんが**「自ら機会を創り出し、機会によって自らを変えよ」**なども代表的な共通言語でした。やりたいことを自ら創造するのだという意味で使っていました。人から与えられるのではなく、自ら取りに行くということです。

　京セラのアメーバ経営、リクルート派遣カンパニーのユニット経営、ホットペッパーのロープレマラソン、リクルート住まいカンパニーのラジオ体操など、その組織が大事にしている価値観を表している共通言語があります。

　私も自組織で共通言語を創ってきました。TTPS（40ページ参照）、PDDS（231ページ参照）、YMC（226ページ参照）などです。**共通言語があると組織内のコミュニケーションスピードが圧倒的に早くなります。そして、同じ価値観を共有できます。**

　私がリクルートスーモカウンターを担当していたときに共通言語のパワーを実感したエピソードを2つ紹介しましょう。

　1つは、成約する組数の呼称を変えたことでメンバーの行動が変わったエピソードです。もう1つはお客様の分類呼称を変えたことでメンバーの行動が変わったエピソードです。

　どちらもみなさんの参考になると思います。

契約成約した組数の単位を変えて生まれた仕事への誇り

スーモカウンターは注文住宅を建てたい個人ユーザー、あるいは新築マンションを購入したい個人ユーザーと、住宅建築会社あるいは新築マンション会社をアドバイザーがマッチングするビジネスです。

従来、成約された組数を、普通に100組、200組と数えていました。

ある日リクルートの社内報にアドバイザーのHさんが取り上げられており、そこで彼のコメントとして、私たちは**「住宅を紹介しているだけではなく、お客様の幸せを紹介しているのだ」**というニュアンスの言葉が掲載されていました。

私にとっては目からうろこが落ちた瞬間でした。

「そうか、住宅ではなく『幸せ』なのか!」

そこで周囲のアドバイザーに相談したのです。

「成約した組数の単位を普通に『組』と数えるのではなく、これからは『幸せ』を意味する『ハピネス(Happiness)』と数えたいと思うんだけど、どうかな?」

周囲の反応は、私の想像以上に大賛成でした。そこでアドバイザーの20Happinessごとにクリスタルのモニュメントにアドバイザーの名前とHappiness数を刻んでお祝いすることを決めました。

するとアドバイザーのご両親がそのモニュメントを神棚に飾ったというエピソードまで聞こえてくるようになったのです。確かに自分の子供が人様の幸せに貢献して、それを会社から認められたという話を聞けば、嬉しくなるのが人情です。

その後は、100Happinessが一流のアドバイザーの基準になり、みなが自分の仕事を誇らしく感じるきっかけになったのです。

ポジティブな共通言語が意識を変えて行動を変化させる

もう1つのエピソードを紹介しましょう。

当時、注文住宅を建てる顧客を状態により3分類していました。現在一戸建てに住んでいて、その家を建て替える「建て替え」顧客。現在建物が建っていない土地を持っている「土地有」顧客。そして土地を持っていない「土地無」顧客。

お客様から予約をいただくと、ホワイトボードに名前と分類を記載します。例えば「中尾様：建て替え」といった格好です（ちなみに私の実際は「中尾様：土地無」です）。一般的に首都圏で土地から注文住宅を建てるとかなりの金額になるので、「土地無」顧客の注文住宅成約率は低いのではと想像できます。

しかも、この「無」という言葉はかなり強い言葉です。「土地が無い」を意味するだけではなく、「成約が無い」ように感じるわけです。

実際、ある店舗でホワイトボードを見ると「無」の代わりに、悪意なく「×」という略称を使っていました。

「中尾様×」

これは最悪ですよね。「この顧客はダメ！」というようなニュアンスに見えます。言葉は大事なので、この名前を見たアドバイザーは無意識のうちに、「この顧客は注文住宅を建てないだろう」という先入観を持ってしまいます。

何かよい解決策がないものか、アドバイザーのHさんに相談しました。「今のままだと『土地無』のお客様のお役に立てない魔法をかけてしまっている。何とかしたい」と。

数週間経って彼女の店に行くと記号が変わっていたのです。右の図にその変化をまとめておきました。まず土地無という呼称を土地から探すお客様なので、「土地から」と変えていました。また記号も建て替えは

□、土地有は●、そして土地から探す顧客は○という記号に変わっていたのです。

　□は建物が現在あるという意味を表しています。建物は白っぽい家が多いので白い四角で表しています。土地の色は黒（正確には土色ですが）ですので、土地有のお客様を●で表現しています。土地からのお客様は、「無限の可能性がある」ので○にしたというのです。

　×が○に変わったのです。**意識が変わると行動が変わり、これ以降「土地無」のお客様の成約率は大幅に向上しました。**

　組織にポジティブな共通言語ができると現場の行動が変わります。

　みなさんもぜひ素敵な共通言語を創ってみてください。

組織の共通言語にメスを入れる

［スーモカウンターの事例］

契約成立した組数
50組　➡　**50 Happiness**

顧客の分類呼称

中尾様：建替え　　　　中尾様：□建替え
山田様：土地有　➡　　山田様：●土地有
小林様：土地無　　　　小林様：○土地から

組織にポジティブな共通言語が生まれると
行動が変わり業績が向上する！

Business Skill 59

YMC（弱みを見せあうカフェ）

組織の状態が驚くほど簡単に把握できる仕掛け

　ロバート・キーガン著『**なぜ弱さを見せあえる組織が強いのか**』は400ページを超える本ですが、読まれた方も多いのではないでしょうか。

　私は前職のリクルート時代を含めて10年以上、組織内で弱みを見せあえるオリジナルの仕組みを使ってマネジメントしています。リクルート時代のスーモカウンター、リクルートテクノロジーズ、リクルートワークス研究所などで使っているのですが、どこでも効果があるのです。

　それがここで紹介する「**YMC＝弱みを見せあうカフェ**」です。

　この仕組みを作った当初の目的は、弱みを見せあうことではありませんでした。ところが、やり始めると「弱みを見せあう仕組み」になったというのが正直なところです。**当初の目的は、「現場から悪い情報を1秒でも早く上げてほしい」というものでした。**

　私も含めて、大半の人は、悪い情報を上司や上部組織に報告するのを躊躇しがちです。悪い情報を報告すると叱責されるのではないかと感じます。あるいは、悪い状態を作った自分の能力不足を隠したいと思います。私もかつてはそうでした。

　実際、わざわざ上司に報告しなくても、現場で問題を解決できるケースも多いのですが、中には、問題をこじらせてしまうケースも少なくありません。

　例えば、顧客からのクレームがあった場合、それを自分たちだけで解決しようとするのですが、対応を間違い、大クレームになってから報告を上げます。このようなケースでは、残された時間が限られています。

　結果として、多くのパワー（経営陣が総動員で対応）やコスト（キャンセルやサービス）がかかってしまうことが常でした。これを避けるための仕組みを試行錯誤し、たどり着いたのがこのYMCという仕組みなのです。

YMCの仕組みを導入してから、悪い情報が素早く経営陣に上がってくるようになったのです。とても助かりました。そして**副産物として、「弱みを見せあえる組織」**になっていったのです。

YMCの仕組みで探る3つの情報

YMCで具体的に何をしているのかをシェアします。
とても簡単です。拍子抜けするくらい簡単です。
定期的に3つの情報を現場から入手する。たったこれだけです。
経営会議であれば各事業部から、事業部の部長会議であれば各部から、部の課長会議であれば各課から、課の会議であれば各メンバーから以下3つの情報を報告してもらいます。

①**悪い兆し**
②**よい兆し**
③**トピックス**

これを定期的に収集する仕組みを作ると、悪い情報が現場から上がってくるようになります。そして、自然と、弱みを見せあえる組織になり始めるのです。

YMCをうまく回すための3つの留意点

ただし、うまく運用するには、3つの留意点があります。
1つは、**情報取得の並び順**です。通常であれば「よい」→「悪い」と並べるかもしれません。しかし、正しいのは「悪い」→「よい」の順番です。これは、経営にとって耳が痛い「悪い」情報を一番に知りたいというメッセージになるからです。
この順番を変えて、一般的にありがちな「よい」→「悪い」という順番にすると、悪い情報が上がりにくくなります。ちなみに、この「悪い

兆し」に書かれる内容が、「弱み」と重なるケースが少なくありません。

　2つめは、**「兆し」という表現**です。悪い「ポイント」、よい「ポイント」ではなく、悪い「兆し」、良い「兆し」という表現にしています。これは、現場へのリスペクトをこめています。

　経営は、現場にいるからこそ分かる「嫌なにおい」「変な感じ」「違和感」の「兆し」を知りたいのです。**これを「ポイント」という表現にすると、「兆し」から「現実」になってからの事実情報しか上がってこなくなります。**繰り返しになりますが、経営は1秒でも速く悪い情報が必要なのです。「兆し」を「ポイント」にすると、上がってくるのが遅くなるのです。

　3つめは、**悪い兆しを報告してくれたことに感謝する**ことです。最初は難しいかもしれません。「そんなことくらい現場でやっておけよ」と言いたくなる気持ちをぐっと抑えて、「ありがとう」を伝えなければいけません。ここを省くと、悪い兆し＝弱みは、簡単に出てこなくなります。

　ちなみに最後の**「③トピックス」**は、何を書いてもいいスペースです。特に現場の最小単位の組織、例えば課などでは、定期的にメンバーとコミュニケーションしてほしいという思いで作りました。ですので、トピックスは、各メンバーのトピックスを書くパートになります。

「悪い兆し」を現場から把握できると、大きなトラブルが激減していきます。それは上位者が「兆し」段階で、「これは大きなトラブルになるのか？」「それともならないのか？」が判断できるからです。大きなトラブルになる可能性が高いと判断した場合は、組織を超えて、対策が検討できます。

YMCの副産物的効果

　副産物としての効果は、組織状態が判別できることです。3つの情報の有無や内容を見ていくと、組織情報が手に取るように分かってきます。

チェックするポイントは3つです。

まず**情報量の多寡**です。経験的にみて、情報量の多い組織は問題が起きていないケースが大半です。逆にトピックスに空欄が目立つ組織は、問題、特にコミュニケーションの問題が起きているケースがあります。逆に表面的な内容しか書かれていない組織も問題があることが多いです。

次に**トピックスにプライベートの内容が出ている場合**です。プライベートの内容が書かれている組織は、心理的安全性が高いのです。

「悪い兆し」の情報が書かれているかどうかは重要です。メンバーの立場で悪い兆しを書くというのは、自分の弱みを見せるのと同意だからです。

必ずしも毎回、悪い情報が書かれている必要はありません。実際に悪い兆しが起きてないこともあるからです。しかし、これが長期間まったく書かれない組織があります。その場合は要注意です。兆しという変化に対して鈍感なのか、組織長が悪い兆しを上げるのを止めているかのどちらかです。どちらにしても、問題が起きている可能性が高いのです。

「悪い兆し」「よい兆し」「トピックス」を定期的に把握しましょうと提案すると、現場から4つの反応があります。

①**喜んで取り組む**：うまくいっている方法であれば、やってみようとすぐにスタート
②**様子見**：周囲の動向を見ながら判断
③**導入を渋る**：悪い兆しなど書くわけがないと決めつけて始めない
④**勝手に変更する**：スタートする前に、フォーマットを変更する

あるときに導入した際も同様の傾向でしたが、1つの組織がイニシアティブをとってくれて、うまく展開できました。その組織は、このフォーマットはそのままに、共有する場をカフェにしました。いつもと違う場所で、いつもと違う内容をシェアするという演出をしたわけです。

加えて、このフォーマットをネーミングしてくれました。「弱みを見せあうカフェ」ということで略してYMCという名前です。このような固有名詞ができると、組織への浸透が促進されます。

　YMCとネーミングしてくれた組織のおかげで、様子見していた組織もスタートしました。導入を渋っていた組織も、少数派になった瞬間にスタートしました。フォーマットを勝手に変更した組織も、周りが「ワイエムシー」と言っている声に引っ張られて、自然とYMCフォーマットに戻しました。

　いち早くYMC（弱みを見せあうカフェ）を導入した組織のリーダーからは、「新しいメンバーとの人間関係の構築に役立ちました」と報告を受けました。一番大きな組織のリーダーからは、「こんな簡単なことで組織のコンディションが把握できるとは驚きです」と報告を受けています。私自身は、各部門の状況が類推できるようになり、助かっています。

　本当に簡単で、効果が大きい施策です。ぜひ、みなさんの組織でもYMC（弱みを見せあうカフェ）を導入し、強い組織になるきっかけにしてみてください。

YMC（よわみをみせあうCafe）記入シート
○○グループ

項目	説明	自由記入欄（各自で記入ください）
悪い兆し	変なにおいがする・私では解決できない大きなことが起こりそうだ、という「兆し」を、ここに記載して下さい。 ※運用上のルール 仕事に関する情報で、ここに記載したことについては、決して怒りません。但し、もしここで記載されずトラブルが起こったときは、なぜ「気づかなかった」のか、「言えなかったのか」を確認して改善につなげます。	●プロジェクトA：納品まで2週間をきりました。少しずつ前進しているものの、思うように進められていません。…どうしても苦手意識が出てしまいます。 ●プロジェクトB：A社の要望確認に時間がかかっています。最悪の場合、代替案を準備することが必要かもしれません。 ●プロジェクトC：顧客からの期待が高く、そのまま受け入れるには、リソースの増強、他部署の協力依頼が必要。追加費用も結構かかりそう→費用負担含め、プロジェクトオーナに本日相談予定
良い兆し		●リーダ会：雰囲気が良くなってきています。さらに互いに認め合い、尊重し合い、困っていることがあればアドバイスやサポートをし合える関係性を築いていきたい。 ●新人の小林さんの書類作成力が上がってます！
トピックス	取り組み始めたこと、自己啓発として実施していること、先週学んだこと、等。公私含めて、どんな話題でもOK。	●GWは実家に帰り、とってものんびりできました♪ ●連休前にイメージコンサルティング（骨格診断・パーソナルカラー診断）の知り合いと食事をしました。人は持つ色似合う色、服装は一生変わらないが、自分でその良さを分かっていない人が多いとのこと。もしよければ紹介しますのでご連絡ください。

Business 60 Skill / PDCAよりも使いやすい「PDDS」

きちんと「振り返り」ができる組織は強い

　何度か触れていますが、進化は螺旋的に起きます。

　進化の螺旋を横から見ると、上に上がっているように見えますが、それを上から見ると円、もしも矢印を付加すると回転しているように見えます。進化をけん引するその回転がPDCA（Plan→Do→Check→Action）です。私の場合、これを改良してPDDS（Plan→Dicide→Do→See）と表現しています。この回転が**「振り返り」**です。振り返りが回転を起こし、それが進化を生んでいるのです。

　振り返りをきちんとできる組織（つまり学習する組織）は進化しやすいといえます。

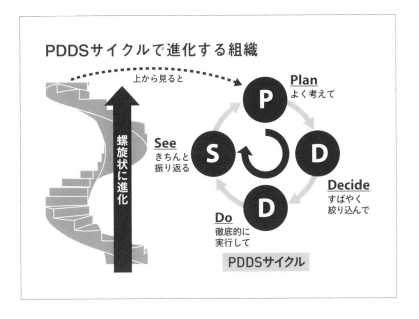

PDDSサイクルで進化する組織

第6章／マネジメントの原理原則を身につける

すでにこの振り返りが実行されている組織であればPDCAを意識すればよいのですが、振り返りがうまく機能していない組織では、PDDSを意識した方がよいです。その理由について説明します。

最も重要なのは振り返りの「S＝See」

PDCAにしてもPDDSにしても、Pから読み始めるので勘違いされるのですが、**PDDSのS、つまり「振り返り」が重要なのです**。ある施策をきちんと「振り返る」ためには、「実行したけれどうまくいかなかった」ことと「実行しなかったのでうまくいかなかった」ことが混じっては困ります。正確に振り返ることができません。

同じく、施策を「実行しなかったけれどうまくいった」ことと「実行したからうまくいった」ことが混在すると正確に振り返れません。

ところが、現場では、よくこのような「施策を実行しない」ことが起きます。特に本部が、現場に複数の施策を依頼したときに起きがちです。複数の施策を依頼されると、現場が取捨選択を行うからです。

しかし、施策を取捨選択したことを本部に報告することは稀です。結果、施策は実行された前提で振り返りがされます。そして、正しくない振り返りが実行されるのです。これでは正しく進化できません。

では、どうすればよいのでしょうか？

簡単です。施策を絞ればよいのです。

確実に振り返るために、施策を1つに絞ります。そのステップを付加しているのが、PDDSなのです。PDDSは、Plan→Decide→Do→Seeです。日本語では、次のように訳しています。**「よく考え→すばやく絞り込み→徹底的に実行し→きちんと振り返る」**。この2つ目のD＝Decide（すばやく絞り込み）のステップを強く意識することが、PDCAあるいはPDDSをきちんと回しだすきっかけになるのです。

PDCAがうまく回っていない組織は、まずPDDSを意識してください。その際、「振り返る」習慣をつけるための有効な方法の1つがKPIマネジメントです。

Business Skill 61

KPIマネジメント

KPIは信号だから「1つ」でなければいけない

KPI（Key Performance Indicator）はご存じの方も多いでしょう。

KPIマネジメントをやっている、あるいはやったことがあるという人もたくさんいるかもしれません。ところが間違った運用をしていたり、上手に活用できていないことも少なくないようです。

私は、かつて11年間リクルートでKPIマネジメントの講師をしていました。その経験から、KPIマネジメントを上手に活用すると大きな成果が出ることを知っています。私自身もKPIを活用し、事業開発で成功した経験を持っています。KPIマネジメントはシンプルですが、上手に使うと効果抜群です。

KPIマネジメントで最も重要な点

最も重要なポイントを1つ挙げるとすると、それは「KPI」が事業運営における「信号」であることが分かっているかどうかです。

KPIと信号。一見関係ないように思うかもしれません。自動車を運転して交差点に進入したとき、目の前の信号が青ならそのまま進み、黄色なら注意し、赤なら停止します。

事業運営でも同じです。**KPIが青なら戦略をそのまま継続し、黄色なら戦略の見直しを検討し、赤なら戦略を変更するのです。**上手にKPIを活用できると、事業運営が断然うまくなります。

しかし、そのKPIそのものがダメだった場合、信号の役目を果たしません。実際、KPIの講師をしていると、「ダメなKPIは見分けられるのか？」と質問を受けることがあります。みな自己流でやっているので、自組織のKPIがイケているのか不安なのです。

私の回答は「YES」です。ダメなKPIを見分ける方法は、とてもシンプルです。KPIのよし悪しを判断できるのかと質問してきた人にメール

で自組織のKPIを送ってもらいます。ほとんどの場合、資料が添付されているのですが、その添付資料で分かるのです。

　実は、添付資料を開封しなくてもダメダメKPIは見分けられます。種明かしをすると、添付資料がエクセルなどの「表計算ソフト」である場合はダメダメKPIの可能性大です。エクセル自体が悪いわけではありません。添付されたエクセルファイルを開けると、シートに複数の項目と数値が並んでいるのです。「たくさんの項目を管理していること」。これがダメダメな理由なのです。

　KPIマネジメントは、前述のように事業の信号です。複数の項目を管理していることは、すなわち信号が複数あるということです。

　自動車を運転していて交差点に差し掛かった場合を想像してください。目の前に信号が2つあって、1つの信号は青で、別の信号は赤だった場合どうすればよいのでしょうか？　ドライバーは迷ってしまいます。信号が2つでさえ悩んでしまうのに、3つ、4つとたくさんだったらどうでしょうか？　悩みはますます深刻になります。さらに、車の数が増えたらどうでしょう？

　車1台1台は会社や事業でいう従業員のようなものです。車の数も信号の数も増えたら、複雑性はさらに加速します。

　つまり「KPIは事業にとっての信号」というのは、2つの意味があります。**1つ目は信号なので、複数ではなく1つであることが重要です。もう1つは、どの車（従業員）からも信号が見えて、そのルールが分かっていることが重要です**（誰でも信号のルールは知っています）。

　事業でいうと、KPIを全従業員が見える状態にし、その信号の色がどうなっているのか、理解できることが必要です。KPIは数値目標ですので、数値目標が信号の色に該当します。

───┐　複数のKPIを設定するとどういうことが起きるか？

　とはいえ、複数のKPIを設定したくなる気持ちも分かります。
　実際に複数のKPIを設定すると何が起きるのでしょうか？

現場は取捨選択をしてしまうのです。例えば5つのKPIを設定すると、現場は実際に注力する施策と注力しない施策を取捨選択します。1つの施策は全力でやる。2つの施策は少しだけやる。残った2つの施策はやったふりをするのです。私も営業担当時代に同様のことをしていました。
　しかし、この状態を上司や管理組織に報告することはありません。本当のことを報告すると怒られるのではないかと危惧するからです。実際、バカ正直に話して怒られた経験もあります（笑）。そうして、黙って現場の独自判断で施策の実施を取捨選択してしまうのです。
　これの何が問題なのでしょう？
　実際にやった施策、やらなかった施策が混在します。これが問題なのです。うまくいった場合でも、全力でやったからうまくいったケースと全力でやらなかったけれどうまくいったケースが混在するのです。うまくいかなかった場合も同様です。
　これでは検証もできませんし、そもそもKPIは機能しません。
　これらを防ぐためにも、KPIは1つにするのです。そうすれば現場は取捨選択しません。結果、きちんと振り返りができるようになります。複数のKPIを設定するのは、設定側の自己満足にすぎないのです。

KPIを1つに絞るために越えるべき壁

　KPIを1つに絞らなくてはならないと分かっても、今度は越えなければいけない壁があります。それは**「勇気」の壁**です。「施策を1つに絞って失敗したらどうしよう」という壁です。
　施策を1つに絞ると、失敗した場合に備えて別の施策を準備したいという意識が生まれます。そして2つめを加えた瞬間に、『リスクヘッジ』という美名のもと、2つめ、3つめが加えられていき、結果として振り返りも判断もできないKPIになってしまうのです。
　これを解決するには、KPIの施策を検討し、実行し、振り返るまでのサイクルを測定することから始まります。

例えば、私が以前担当した組織は、年に2回しか施策の振り返りができませんでした。つまり、年に2回しか施策を実行できなかったのです。だとすると、リスクヘッジして複数施策をしたくなる気持ちは理解できます。年に2回しか施策を振り返っていない組織とは、かなりイケてないように思うかもしれません。しかし、自組織の振り返りの回数を知らない組織が大半です。

ところが、この振り返りサイクルの測定をすると、サイクル自体が短くなっていくのです。実際、私が担当した組織も年に数十回振り返ることができる組織になりました。こうなると、怖いものはありません。短期間でKPIの実験、検証ができるのです。

KPIは信号だから1つ。そしてすべての従業員が分かっていることが大事なのです。KPIマネジメントについては、拙著『最高の結果を出すKPIマネジメント』(フォレスト出版)で詳しく解説しました。もしよかったらご覧ください。

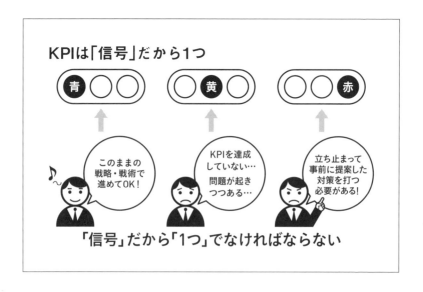

Business 62 Skill / 数字で管理することの是非

「数字」が悪者なのではなく「使い方」がまずいだけ

　数字で管理するという話をすると、嫌悪感を持たれる方が少なくありません。ご自身が嫌悪感を持っているケースもありますが、自分だけではなく大半の人は数字で評価されるのが嫌いだというのです。本当でしょうか？

　私は、**数字そのものが悪いのではなくて、数字の使い方が間違っているのが原因**だと感じています。

「数字」の間違った使い方の典型例

　間違った使い方の例として、**営業ランキング**があります。

　私の営業時代にも営業ランキングが毎日のように配付されていました。ランキング上位の場合はいいのですが、成績が悪いと居心地がよくありません。しかも、ランキングが悪いときに、「よし、がんばろう！」と思ったことなど一度もありませんでした。それどころかランキングの指標が悪いと、まったくやる気をなくしていました。

　そうなのです。これなどは数字が悪いのではなくて、人のやる気を失わせる「数字の使い方」が間違っていたのです。

　ではどうすればよいのでしょうか？

　簡単です。例えば、**営業成績の上位者情報だけ共有すればよいのです**。上位者は褒められて嬉しいですし、下位者のプライドを傷つけることもありません。

「数字」の正しい活用方法

　数字の正しい使い方として、人間ドックや健康診断の結果が挙げられます。結果には自分の数値と正常範囲のデータが記載されています。数

値が正常範囲のデータに入っているとAという評価が記載されていますが、正常範囲を外れると順にB→C→D→Eと評価が悪くなっていきます。DやEになると再検査などが必要になります。これにより定期的に自分の健康状態をチェックできるわけです。

　この考え方を参考にすればよいのです。例えば、接客などをしているケースでは、定量データ（接客数・紹介数・成約数）に加えて、顧客の声などの定性データも加えて健康診断表のようなデータを定期的に集計すればよいでしょう。比較データとして、全メンバーの平均数値、それぞれの最高数値やその人の名前を載せればよいのです。

　最高数値の人の名前を載せるのは重要です。

　例えばあるメンバーがある数値を改善しようとする場合を考えてみます。通常は周囲の先輩など身近な人に相談します。しかし、最高数値の人が明確であれば、その人に教えてもらえばよいのです。

　人は学ぼうとするときに身近な先輩に相談するケースが少なくありません。しかし、その人が学びたい項目で優秀なのかどうかわかりません。正しくないこと、変なことを学んでは大変です。

　その場合、最高数値の人に学ぶのが合理的です。しかし、最高数値の人に相談が殺到しては困ります。そこで本部から取材を行い、記事にする、あるいは映像にします。すると学びたい人にとっても記事や映像を通じて繰り返し簡単に学ぶことができて一挙両得になります。

**　繰り返しになりますが、数字が悪いのではありません。**
**　数字の使い方が悪いだけです。**

　健康診断を1つのモチーフに数字の使い方を考えましたが、きっと活用の幅が広がると思います。参考になれば幸いです。

第 7 章

さらにレベルアップするためのスマート・スキル
～ものの見方を変えてみよう～

Smart Skills for Further Upgrades

「アリさんの理論」を知っていますか。

アリを100匹集めると、2割の働き者のアリと6割の平均的なアリと2割の怠け者のアリに分かれるのです。2割の働き者アリだけを集めて100匹にすると、また2：6：2となり、2割は怠けだすそうです。

逆に怠けている2割だけを集めて100匹にすると、本来怠け者であったはずなのに、20匹が働き出すのです。全員が怠けていると食べ物が集まらないので、まずいと思うのでしょう。

このように、「アリさんの理論」とは、組織は常に2：6：2に分かれるというものです。

これを会社で表現すると、2割のよく働く「イケてる社員」が会社のほとんどの利益を稼いで、6割の平均的なグループは収支トントン、2割の「ダメ社員」のグループは赤字を出しているということです。

両者は何が違うのでしょうか？

ここでは、イケてる社員とダメ社員の違いを見ていきます。

この章は次のような方に役立つと思います。

☑ ダメ社員を脱出したいと考えている人
☑ ダメ社員にはなりたくないと思っている人
☑ イケてる社員を維持したい人

この章には、これらを解決するための13の原理原則（ヒント）が載っています。

⑥ **「知っている」と「できる」の間に存在する大きな溝**
⑥ **ラーニング・アビリティー**
⑥ **自責性と他責性**
⑥ **悪い結果こそいち早く伝える**
⑥ **社外パートナーとのうまい付き合い方**
⑥ **本番で練習するリスク**
⑥ **やりたいこととやらねばならないこと**

- ⑦⓪ 選択肢の中に正解がないとき
- ⑦① 目的と手段の関係
- ⑦② 見たことのある鶏は食べられない
- ⑦③ ビジネスにおける「引き寄せの法則」
- ⑦④ 代替人材のいない不幸
- ⑦⑤ 人工知能（AI）は人の仕事を奪うのか

Business Skill 63

「知っている」と「できる」の間に存在する大きな溝

イケてる社員とダメ社員の残念なギャップ

様々なビジネスパーソンと話をしていて面白いことに気づきました。それは、仕事ができない人(ここではダメ社員と呼びます)の大半は「知っていること」と「できること」を混同しているのです。つまり、あることに対して「私はそれを知っている」→「だから、できる」という反応を示すのです。

一方で、仕事ができる人(ここではイケてる社員と呼びます)は、決してこのような反応を示しません。彼らは「知っている」と「できる」の間には、大きな溝があることを理解しているのです。

さて、本当に「知っている」と「できる」には、そんなに大きな溝があるのでしょうか。

まず、誰もが「知らない」という状態からスタートします。対象が何であれ「知らない」と何も始まらないので、まず「知る」という状態にする必要があります。しかし、「知っている」からといって「理解している」とは限りません。内容を「理解している」ことが必要です。「理解している」上で、「実行する」。つまり実際にやってみることが必要です。

そして、**実際に「実行してみた」結果として「できる」という状態になるわけです。**

イケてる社員とダメ社員の反応の大きな違い

少し専門的な話で恐縮ですが、私は「ベンチャー企業の求人広告の掲載料金をストックオプション(新株引き受け権)で支払っていただく」というスキームを、日本初で成立させた経験があります。

ちなみに、当時は通産省(現・経済産業省)の新事業創出促進法に認定されたベンチャー企業のみが、サービスの対価として自社のストック

オプションを使用できたのですが、現在では、商法が改正されて、大半の国内企業でも使用できるようになっています。

ところで、その際の社内外の反応が非常にユニークでした。ベンチャーキャピタルやベンチャー向けの市場（当時東証マザーズの他、ナスダック・ジャパンもありました）の担当者や社内のイケてる社員は、「実行した」という点に驚き、話を聞きに来ました。

彼らは、経験上「知っている」あるいは「分かっている」ことと「実行する」ことに大きな溝があり、それを超えたことに対して敬意を表してくれたのでした。

しかも、彼らは、したたかです。具体的なスキームに関して詳細に質問をしてくるのです。自分たちの仕事に、何か参考になることがあるかもしれないと考えたのでしょう。どのような情報であっても、それを自分の仕事に転用できないかと考えるわけです。このような姿勢こそが、彼らがイケてる社員である所以でしょう。

ところが社内で「私も考えていた＝知っていた」という反応をした社員は、ほぼ例外なくダメ社員でした。彼らは、「自分も知っていたので、やりさえすればできた」と考えたのです。当然、質問などありません。彼らの仕事に参考になるポイントがあったのかもしれないのに、もったいないことです。

相手が「理解しているか」を見分けるためのキラーフレーズ「どうして？」

その人が「知っている」だけなのか「理解している」のかを簡単に見分ける方法をお教えしましょう。すごく簡単です。

そのことに関して説明してもらえばよいのです。

「知っているだけ」でも質問には回答できます。しかし、「理解」していないと自分で説明できないのです。さらに、「どうして？」と質問を数回繰り返してみてください。それに対応できる状態が、「理解している状態」です。

例えば、今月から新製品の販促キャンペーンをするとします。担当者

第7章／さらにレベルアップするためのスマート・スキル　243

に「今月から販促キャンペーンをすることを知っているか？」と聞いてみます。これに関してYESと答えるのが、「知っている」状態です。

さらに「ではどのような内容なのか教えてほしい」と質問します。担当者が概要を説明します。それに加えて「どうして、今月から実施するのか？」「どうして商品を限定して、新商品に限っているのか？」「どうして販促策をするのか？」など深堀りの質問をしてみてください。必要であれば、回答に対して、さらに「どうして？」と質問を繰り返してみてください。これに回答できる状態が「理解している」という状態です。

「できる」ためには、この「理解している」を超えて、「実行」して「できる」ようになることが必要なのです。理解すらしていないのであれば、「できる」は望めません。「知っている」と「できる」の違いを知っていることがイケてる社員への第一歩です。

同様の溝は「アイデアを思いついた」と、それを「実現した」の間でもあります。素敵なサービスや商品を見つけて「私もこのアイデアを思いついた」という人がいます。それが仮に事実だとしても、ほとんど意味がありません。もちろん世の中には画期的なアイデアというものが存在します。いわゆる発明といわれるものです。これを例外にすれば、**アイデアだけでは、ほとんど意味がありません。実現することこそが重要なのです。**

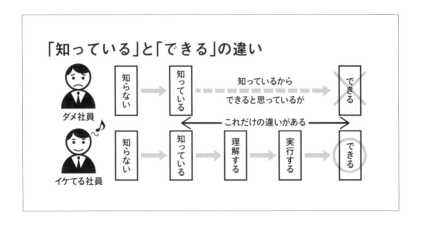

Business Skill 64 ラーニング・アビリティー

1億総学び時代で生き残るためには？

私はかつてビジネスパーソン向けの大規模調査を担当していました。その中で、興味深い調査結果がありましたので、紹介します。その調査では対象者に対して以下の設問に答えてもらいました。

設問：
過去1カ月以内に仕事に関連する学び（本を読む、社内外の専門家に話を聞くなど含む）を行ったか？

あなたはいかがでしょうか？　今まさに、この本を読んでいるわけですから、この段階で「学び」実施者の仲間入りです。

ちなみに、この調査の対象者は、正社員、契約社員、派遣社員、アルバイト、パート、フリーターなどすべてのワーキングパーソンが対象でした。「学びを行った」と回答したワーキングパーソンは全体の17％、2割弱にすぎませんでした。つまり実に残りの8割強の人は、この1カ月間、仕事に関して新たに学んでいないのです。そして、**この学びへの態度と年収の関係を調べると、この2割の平均年収は、他の8割と比較して総じて高いという結果が出ました。**

時代の変化とともに「即戦力」の定義が変わってきた

環境変化が小さいかつての状況であれば、現在の能力を長期にわたって、そのまま使用し続けることができます。極端な場合、ルーティンで仕事がこなせるため、新たな知識や能力を取得する必要はなかったかもしれません。

しかし、めまぐるしい環境変化がある今日の状況では、昨日まで使えた能力や経験が陳腐化してしまうことは想像に難くありません。企業自

身もそうです。環境変化に対応できなければ、自然淘汰（つまり倒産やM&A）されていくのです。

話を元に戻しましょう。

結果として、企業の中途採用の選考にも変化が表れてきています。従来であれば即戦力ということで、現在の能力・知識に期待して採用の合否を決める場合がほとんどでした。もちろん、現在でも即戦力を求める姿勢は同じです。

ところが、その「即戦力」の定義が変化してきたのです。『現在だけではなく、将来にわたって戦力となり得るか』という視点が加わったのです。

つまり、環境変化に対応して自発的に新しい知識や能力取得を行う姿勢（これを私たちは**ラーニング・アビリティー＝「学ぶ能力」**と呼んでいます）を維持し、イケてる社員として会社に貢献し続けてくれるのかというポイントが重要視されるようになってきたのです。

右の図のように、従来であれば「現在能力はあるが、ラーニング・アビリティーが低い」人材の方が「現在の能力は劣るが、ラーニング・アビリティーは高い」人材よりも企業の優先順位は高かったのですが、現在では逆転するケースが出てきたのです。

ラーニング・アビリティのある2割のグループに仲間入りしよう

新人の営業時代に私は企業の新卒採用のためのメディアを扱っていました。その関係で、「中尾通信」と銘打って、大学生が読むメディアのトピックスとビジネスメディアの採用関係のトピックスを担当顧客に送付していました。

今のようにインターネットのない時代でしたので、それらの情報を入手するには媒体を購入して、実際に読むしか方法がありませんでした。私自身は、大学生と企業の人事担当者の両方が商売相手ですから、彼らの考えている情報は常に入手しておく必要がありました。

学生は毎年変わります。彼らの興味関心も変わります。常にラーニン

グ・アビリティーが求められる環境だったのです。それを顧客向けに情報提供メディアとして転用することで、役に立つ営業担当というブランディングを行い、仕事の生産性を向上させたわけです。

　一般的に年齢を経ると保守的になり、新たな知識を習得しない傾向が強くなってきます。そのわりに大企業では年功序列で賃金は高い。そうした結果、このような人がリストラの対象となるという側面もあるのです。**変化の大きい時代は、年齢や経験にかかわらず常に知識や能力のバージョンアップをしつづけなければなりません。**

　ただ、ワーキングパーソンの中で、たった2割の人しかラーニング・アビリティーはないのです。少なくともあなたはこの本を手に取ったわけです。この姿勢を続けることができれば、この2割のラーニング・アビリティーがあるグループに仲間入りし、転職にも有利であるはずです。

企業が必要とする人材の優先順位

以前 タイプ1 ＞ タイプ3 ＞ **タイプ2** ＞ タイプ4

現在 タイプ1 ＞ **タイプ2** ＞ タイプ3 ＞ タイプ4

現在の能力	学びへの態度 無	学びへの態度 有
有	タイプ3 能力はあるが、学ぶ姿勢は無い	タイプ1 能力もあり、学ぶ姿勢もある
無	タイプ4 能力も無く、学ぶ姿勢も無い	タイプ2 能力は無いが、学ぶ姿勢はある

学びへの態度 ▶ ＝学ぶ能力 ＝ラーニング・アビリティ

Business Skill 65

自責性と他責性

イケてる上司は「人は変わらない」ことを知っている

　とても残念な話ですが、何か問題が発生した際に、自分の責任（自責）を認めず、すべて他人の責任（他責）にしようとする傾向が増えてきたように感じます。会社によっては、問題発生の原因を自分の責任（自責）として認めると、それが直接悪い評価につながるケースもあるようです。そのようなケースでどう対処するのかはさておき、**イケてる社員とダメ社員では、問題発生時にどのような違いがあるか**、見ていきましょう。

　ある日、問題が発生しました。例えば、あなたの部下自身の資料チェックが甘くて、顧客に提出後にその資料に大きなミスが発覚したとします。顧客はカンカンです。しかし、あなたは部下を伴って迅速に顧客に謝罪訪問し、新しい資料を提出し直しました。紆余曲折はありましたが、なんとか問題は解決できました。

部下を叱るダメ上司と再発防止に努めるイケてる上司

　ここで、ダメ上司の典型的な行動は、部下を叱責あるいは、ネチネチと嫌味を言うのです。

　もしかすると部下は、上司から怒られるのはたまったものではないと反省して、再発は防げるかもしれません。しかし、大半の場合、この手のことで叱られる部下というのは、別のことでも問題を起こし、叱られているはずです。結局、再発するのです。つまり、叱っただけでは、あるいは部下に求めるだけでは、何も解決しないのです。

　一方、イケてる上司の場合は、どうでしょう。

　部下に「再発防止策」を考えることを要望します。しかし、それだけでは終わりません。**イケてる上司自身で「この問題の発生を防ぐために、自分自身が何かできなかったか」と考えるのです。**

つまり再発防止策を部下の立場と上司である自分の立場の2通りで考えるのです。

今回の例であれば、事前に部下にチェックを実施したかどうかを確認するタイミングがなかったのか。資料を自分自身で事前にチェックするスケジュールが組めなかったか、と考えます。あるいは、それをさらに広げて考えて、同様の問題が他の部下の顧客で発生する可能性はないかどうか考えるのです。

つまり、たとえ部下の行動が変わらなかったとしても、自分自身の行動を変えることで、この問題発生を防げないかと考えるのです。

なぜ彼らは、このように考えるのでしょう。彼らは部下を信頼していないわけではありません。しかし、すべての行動を信用しているわけでもないのです。

「信頼」と「信用」の大きな違い

「信頼」と**「信用」**はよく似た言葉ですが、違います。

信頼とは文字通り、「信じて頼りにする」ことです。信用とは「確かだと信じて受け入れること」です。つまり、**信頼とは任せること。信用とはアウトプットを受け入れることです。**

任せているので、すべてのアウトプットを受け入れるというのは、権限委譲ではなく、単なる責任放棄の放任主義にすぎません。しかも、イケてる上司は、「人間の特性は容易には変化しない」ということを知っています。**つまり、人は他人から言われたぐらいでは、簡単にその行動は変化しないことを知っているのです。**

社内の会議に遅れてくる社員は、特定されます。いつも同じです。時間にルーズな社員は、どのような場面でも同じ行動を取るのです。極端な場合、彼らは、顧客とのミーティングであっても遅れるのです。過去、上司や顧客から何度も叱責されていても変わらないのです。人の行動は容易には変化しないのです。

少し逆説的な表現になりますが、ダメ上司は「自分自身が部下を叱責

すれば、彼の行動を変化させることができる」と無意識のうちに思っているのです。まったく能天気な楽天家か、極めて傲慢な考え方だといえるでしょう。また、上司の仕事は、部下に要望さえすればよいと考えているわけです。プロジェクトマネジメントは自分の仕事ではないと考えているわけです。

　一方、イケてる上司は、他人の行動を変えることの困難さをよく知っています。**他人の行動を変えるのは容易ではないが、自分自身の行動を変えることができるはずであると考えているのです。**

　さらに、上司の仕事は、仕事を部下に依頼するだけではなく、プロジェクトマネジメントだと知っているのです。これは上司と部下の関係だけではありません。同僚間、取引先との関係でも同じです。トラブルの発生防止のために自分自身で何ができるか考える癖をつけてみてください。「変えられるのは未来と自分。変えられないのは他人と過去」なのです。

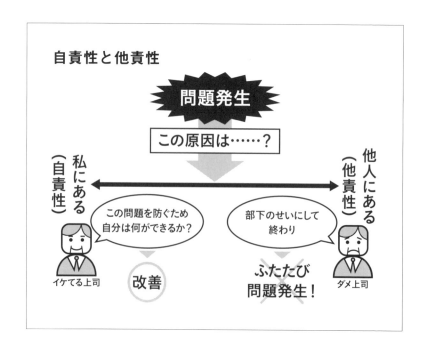

Business 66 Skill

悪い結果こそいち早く伝える

クレームやトラブル処理における絶対法則

社会人生活を通じて、いい成果を出しつづけることができれば最高です。しかし、常に順風満帆というわけにはいきません。悪い結果が出てしまうこともあります。その場合、上司へ報告するタイミングでも、イケてる社員とダメ社員では正反対の傾向があります。

ダメ社員は、よい結果は早く伝えるのですが、悪い結果はギリギリまで伝えません。悪い結果を上司に報告すると叱責されるので、伝えないのです。あるいは何とか挽回しようとして時間が経ってしまい、どうしようもなくなった段階で上司に報告をすることになります。

例えば大型商談が成立したというよい話は、すぐに上司に報告します。ところが、大口顧客からのクレームや大型商談がダメになりそうだという悪い兆しに関しては、ついつい後回しにしてしまうのです。それが自分自身で手に余ったとしても、何とか対応しようとして、問題をこじらせてしまうのです。

イケてる社員はなぜ悪い結果の報告が早いのか？

ところが、イケてる社員の上司への報告タイミングは違います。

よい結果は必ずしもすぐには伝えないのですが、悪い結果に関しては、その兆しが見えた早い段階で、上司に伝えます。

つまり、この例で言うと、顧客からのクレームや大型商談がつぶれる前に、そのような兆しが見えた段階で上司に伝えるのです。正式なクレームではない段階で、わざわざ上司から叱責されることが分かっているのに、なぜこのような行動を取るのでしょうか？

それは、**結果が出るまでに時間があればあるほど、対応のための選択肢が多く、問題解決の労力も小さいことを知っているからなのです。**最終的に商談がつぶれる前であれば、決裁者に訪問して、再度資料等を準

備して対応することも可能です。場合によっては顧客が、提案内容や対応に関して誤解をしてクレームを言っているケースも少なくありません。正式なクレームの前であれば対応も可能なのです。

ビジネス上のことだけではありません。例えば、台所でフライを揚げていたときに、油に火がついた場合を想定してみてください。

初期段階であれば、簡易消火器や毛布等によって空気を遮断するなど適切な消火活動によって被害を軽微にすることは可能です。しかも対応の手段も複数あります。

ところが水をかけるなど不適切な対応をしてしまう、あるいは、火に驚いてしまい、なす術もなく時間だけが過ぎてしまうと、周りに延焼してしまい、大火事を起こすことになります。そうなると、結果、消防署の助けを借りて、全焼や周りへの延焼を防ぐという選択肢しかなくなるのです。

もしもあなたが上司だとしたら、油に火がついた段階で部下からアラームを鳴らして欲しいはずです。習熟度の低い社員が相手であれば、フライを揚げるという段階で話してほしいと思うはずです。決して大火事になるまで自分で対処して、それまでは報告しなくていいとは思わないはずです。

───┐ 部下の報告が遅れるのは上司の責任

しかし、実際には悪い情報は上司に伝わらないことが多いものです。このことに関して、先日リクルートのある執行役員と話をしたところ、**クレームが上司に上がってこないのは、部下の問題ではなく、上司の問題であるケースが大半だ**と言います。

ダメ上司は、悪い報告を受けると不機嫌そうな顔になり、部下のせいにするのです。そうすると部下は、よい報告だけをするようになります。そして悪い報告は隠すようになるのです。そしてどうしようもない状況になってから報告をするのです。

このような状況のきっかけになる上司の不機嫌こそが罪なのです。

この執行役員によると、部下が悪い情報を伝えてきた際に、2つ気をつけていることがあるそうです。

　1つは**「決して怒らないこと」**。過去に、悪いことを報告すると怒る上司の下で働いたことがあり、その際は、自分自身、問題を隠してしまったという反省があり、その上司を反面教師にしているそうです。

　もう1つは**「直接自分で対応しないこと」**です。自分で直接対応する方が簡単です。しかし、これも何でも動いてしまう上司の下で働いていたときに、自分の部下がその上司に報告して、その上司が直接顧客対応したことで、何度も嫌な思いをしたことがあったそうです。

　もしもあなたの部下が悪い報告をしてくれた場合、早く報告してくれたことに感謝を伝えてください。実際、早く報告してくれれば、解決のための選択肢も多く、被害も軽微に済むのです。そして、同じ問題が再発しないように原因を究明するようにしてみてください。

　ちなみに、これを仕組み化したのが、前述のBusiness Skill 59「YMC（弱みを見せあうカフェ）」です（226ページ参照）。

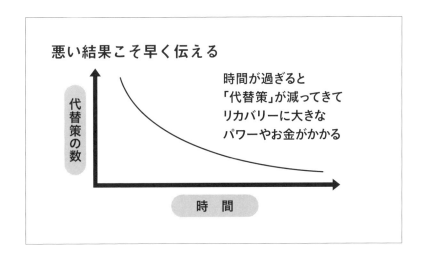

Business 67 Skill

社外パートナーとの
うまい付き合い方

コラボレーションの効果を最大化する簡単な秘訣

　昨今、すべての仕事を社内だけで完結している組織はとても少ないと思います。基本的には外部の会社に仕事を依頼するケースも多いでしょう。その社外の会社・人々をここでは**「社外パートナー」**と呼ぶことにします。社外パートナーとの付き合い方を少し変えると成果が大きく異なると感じています。

　本来は、発注と受注の関係はイコールのはずです。サービスもしくは製品とその対価であるお金が釣り合ったので商売が成立したのです。

　ところが日本ではお金を支払う発注者が偉いという間違った価値観が蔓延（はびこ）っています。大概の発注者は、意識・無意識にかかわらずこのメンタルモデルを持っています。

　ということは、もしみなさんが発注する立場で、このメンタルモデルを変えることができれば、社外パートナーとの関係を劇的によい方向に変え、成果を大きくできるということなのです。

「時給脳」でしか考えられない残念なクライアント

　先日、あるコピーライターさんとの会話で大笑いしたエピソードを紹介します。そのときのコピーライターさんと発注者（クライアント）の会話です。

発「今回のコピー凄くいいですね。完璧です。どれくらいでこのコピー思いついたんですか？」
コ「今回はすぐに書けたので2日ですね」
発「そんなに簡単に書けたんですか！だったら値段を半分くらいにしてくださいよ」
コ「え、それ、本気で言っています？　そんなに簡単だと思うなら自分

でやればいいでしょう」
発「バカなこと言わないでください。自分でできるなら、○○さんに発
　　注しませんよ」

　この発注者、本当におかしいですよね。本来、ステキなコピーが短期間でできたとするならば、Q（品質）もD（納期）もレベルが高いわけです。C（コスト）が高くなってもおかしくない話なのです。ところが**頭が「時給脳」の人は、「短期間でできた＝安くできる」という発想になるのです**。このような人の周りに優秀な「社外パートナー」は寄りつかなくなります。

「当社の第二○○部」と位置づけると成果が変わる

　別の事例になりますが、もしみなさんが採用に携わっているとするならば、人材紹介会社という社外パートナーとの付き合い方のポイントをご存じですか。これは、他の社外パートナーとの付き合い方にも通じる重要なポイントがあります。

　人材紹介は、人材が採用できれば、採用できた人の年収の20％程度から40％程度の報酬を支払う成功報酬モデルです。パーセンテージはもっと低いケースもあれば、年収100％の場合、事前に着手金を支払うケースなど様々ですが、基本は成功報酬、後払いモデルです。ところが採用する企業側は、発注者気取りで偉そうな態度を取るのです。

　例えば、典型的な偉そうな態度は「優秀な人材を送ってこない」と人材紹介会社をなじるのです。**ところが、この段階では企業は人材紹介会社に対して報酬を払っていません。つまり正確に表現すると発注者ではないのです**。これが先に報酬を払う広告型モデルであれば、まだ少しは理解できます。ところが、発注もしていないのにクレームをいうのです。おかしいですよね。

　ところが、大半の顧客はそうなのです。もしあなたがイケてる発注担当者になりたければ、このおかしなメンタルモデルを変えればよいので

す。「人材紹介会社は成功報酬なので、我々はまだ発注者ではない。それどころか、他社ではなく、我々に優秀な人材を優先的に送ってもらうために、我々がきちんと有効な企業情報を送らなければいけないのだ」という風に態度を変えるのです。

　私は、これを人材紹介会社担当者のみなさんに**「当社の第二人事部になってもらう」**と表現しています。発注者と受注者という関係ではなく、仲間、文字通りパートナーだと考えてコミュニケーションするのです。**これを実践すると関係性が変わり、成果が大きく変化します。**

　このことは人材紹介会社との関係だけの話ではありません。**あらゆる社外パートナーを「当社の第二〇〇部」だと再定義してみてください。**それで発注者の思考が変わり、行動が変わり、関係性が変わり、成果が変わります。これ、本当に効果があります。ぜひ試してみてください。

社外パートナーとの関係

関係性を変えると成果が大きく変わる！

Business 68 Skill / 本番で練習するリスク

残念な学生・営業・会社の特徴

大学生の就職活動で毎年繰り返される光景で、不思議で仕方がないことがあります。それは**「本番で練習をする」**ことです。

具体的に説明しましょう。

本命企業の採用面談で面接の練習をするダメ学生

就職活動の初期段階で、少くない数の学生が「本当の(あるいは素のままの)自分自身を見て判断してほしい」と、何の事前準備(業界や企業研究、面接の予行演習)もせずに本命企業の選考や面接に臨みます。当然の結果として、彼らは不採用になります。

彼らは、本命業界の本命企業を数社受験し、全滅する過程で、選考や面接の経験を積み、それを通して自分自身の就職活動を見直し、就職活動のノウハウを習得していきます。**いわば「本命企業への応募活動」という本番を通じて練習を行うのです。**

ところが、就職活動における「企業」は、言わば「砂時計の砂」のようなもので、時間が経てば経つほど選考は終了し、応募できる企業は減っていきます。特に人気企業ほど、採用活動は早く終わる傾向が強いのです。彼らが就職活動に慣れたころには、ほとんどの人気企業は採用選考を終えてしまっています。

別に「人気企業に入れ」と言っているのではありません。もしも時間の針を戻すことができて、就職活動の早期に戻っても、同じ企業に対して就職活動をすればよいでしょう。**でも、就職活動をやり直せれば、きっと「本番で練習をする」というような愚は犯さないはずです。**

大学生同様に「本番で練習する」ダメ営業

　ダメ社員が常々行っている仕事の進め方も、大学生の就職活動のやり方と同じです。例えば、新製品が出た際の残念な営業マンの行動を見てみましょう。

　新製品を拡販しようとダメな営業マンは、担当の大口顧客のところに商談をしに行きます。ところが新製品の資料もまだ洗練されておらず、営業トークも練れていないため、うまくいきません。とはいえ、数社の大口顧客に対してこのような中途半端な営業活動を繰り返すうちに、徐々に補足資料も充実してきて、営業トークも練れてきます。

　しかし、そのころにはすでに、大口顧客との商談は白黒がついてしまっているので、残っているのは中規模、小規模の商談だけです。結果、数社から小規模の受注をもらってこの新製品の営業活動は終わりを迎えます。

　そして、この「新製品はそこそこ」だったなという結論になり、**「企画や製造がもっといい商品を作ってくれないと売れない」**という愚痴になるのです。

　ところがイケてる営業の行動はまったく違います。

　まず資料を熟読し、社内で同僚や先輩を顧客に見立ててロールプレイングを実施します。そこでうまく説明できなかった個所や、質問に対して、資料を改善、不足部分を充実させ、説明の仕方も工夫をします。

　また、顧客との商談の順番も、まずは要望の高い中規模取引顧客に営業に行きます。要望が高い顧客なので、ついつい足が遠のきがちですが、彼らに新製品の説明をすると、こちらでは想定していなかった質問が出てくることがあります。これを参考に、営業シナリオの過不足を微修正するのです。

　そしていよいよ、これらの事前準備を十分にした後で、大口顧客との商談を開始します。資料もトークも十分に練れています。顧客からの質問に対しても納得してもらえるような回答ができるのです。結果、次々

に大規模受注を成立させて、会社の業績に貢献をするのです。そして、「この新製品の販促キャンペーンは成功した」という結論になります。

ほんのわずかな差が大きな結果の違いを生み出す

両者の違いは、突き詰めると「本番で練習をする」か「事前に練習をする」かのささいなものです。**ところが、このわずかな差が結果の大きな差異を生み出すのです。特にダメ社員は、「本番で練習をしている」**という自覚すらないので、改良のしようがないのです。

このささいな差異は、個人間だけではなく会社間でもあります。例えば、先ほどの残念な営業の例でいうと、営業同士の差だけではなく、商品企画や営業販促の側にも問題があるのです。

自社の営業組織に残念な営業マンが多いことが分かっていれば、営業ツールを営業任せにするのではなく、使いやすいものを準備すべきです。またロールプレイングの大会などを実施する段取りを設定することも必要でしょう。

しかし、残念な会社では、「売れないのは営業のせい」とぼやいて、何も改善されず、このようなことが永遠に繰り返されるのです。

第7章／さらにレベルアップするためのスマート・スキル

> Business
> **69**
> Skill

やりたいことと
やらねばならないこと

常に WANT・CAN・MUST の輪を意識する

　イケてる社員とダメ社員に「仕事は楽しいかどうか？」と質問をすると、両者の回答の差に気づきます。ダメ社員は**「仕事とはつらいもので、楽しいわけがない」**と回答する傾向が強いのです。特に年長者であればあるほど、その傾向が強いのです。

　一方、イケてる社員は**「やりたい仕事ができているので、仕事は楽しいですよ。もちろん楽しい仕事だけじゃないですけどね」**と回答します。やりたい仕事をしているイケてる社員は、成果も出て、ますます楽しくなります。

　一日の大半を過ごす会社が楽しいと思っているイケてる社員と、毎日がつらいと感じているダメ社員。ストレスなども異なります。両者の差異はどんどん大きくなっていくのです。ここでは、仕事を楽しく感じる、あるいはつらく感じる構造に関して見ていくことにします。

3つの輪の理想的な関係とは？

　「人の管理はエンパワーメント」で紹介した3つの輪の話を、マネジメント側からではなく、メンバー側から見た3つの輪の重なり状態で、仕事の楽しさや、つらさを構造化してみます。

　3つの輪とはWANTの輪（あなたがやりたいこと）、CANの輪（あなたができること）、MUSTの輪（会社からの要請＝やらなければいけないこと）です。

　まず楽しい（がんばれる）状態を、この3つの輪で表現するとどうなるでしょうか？　仕事に限らず、やりたくないことをして楽しく感じられる人はいないはずです。楽しい状態とは、やりたいことをやっているのが必要条件です。

　ただし、自分自身はやりたいとしても、会社の方針と合致していない

と、結果として評価されません。つまり、あなたのやりたいことと会社が求めていることが一致していることで、必要十分条件を満たすといえます。さらに、その仕事を通して、成長を感じられる状態であれば最高です。

　具体的な輪の関係をみるとWANTの輪とMUSTの輪が重なっていて、その輪の中に少し小さいCANの輪が入っている状態なのです。CANの輪が他の2つの輪に含まれているということは、「現在のあなたの能力では、その仕事をこなすことはできない」ということを示しています。

　しかし、あなたはやりたいことを実現するために、自ら能力を開発するはずです。その努力も厭わないはずです。そして結果として、自分の能力が開発され、成長感を持てるのです。しかし、いつも自分のやりたいことと会社の求めることが合致するわけではありません。

　イケてる社員は、ここでも工夫をします。自分自身でこの状態を維持するのが上手なのです。会社からの要望と自分のやりたいことをうまく折り合いをつけます。

　例えば、仕事自体には興味はないが、そのやり方やプロセスは自由にやらせてもらう形で折り合いをつけられないかを考えるのです。しかも、よい成果を出すために（会社の費用で）自己能力開発を行います。そして、結果として次々に新しい仕事に挑戦しながら、自己成長し、優れた成果を出し、さらに新しい仕事に挑戦し……と楽しい状態を維持するわけです。

　ところが、ダメ社員は違います。彼らはやりたいことが明確ではないのです。**仕事はそもそもつらいものなので、やりたいことなど考えたこともありません。3つの輪で表現するとWANTの輪がない状態です。**

　これだけでもつらいのですが、自分のやりたいことがないので、能力開発も自発的には行いません。つまりCANの輪は大きくなりません。さらに悪いことに、環境変化により会社が求めるMUSTの輪の場所が変化してしまい、CANの輪と重ならなくなることさえあるのです。つまり、会社が求めることを現在の能力では実現できない状態なのです。

　しかも、会社の求めることは、彼らが興味関心のあるやりたいことではありません。**自ら能力開発をしてCANをMUSTに重なるようにすべきですが、それも積極的に行いません。結果として成果も残せず、自己成長もできず、つらい状態を維持してしまうのです。**

　つらい状態とよく似ていますが、飽きている状態もこの3つの輪で表現できます。WANTの輪がないのは、つらい状態と同じです。CANの輪の中にMUSTの輪が入っているのです。つまり、今のあなたの能力で、会社から求められる成果を出せる状態です。

　一見、いいように思います。ところが、人間はできる仕事ばかりしていると飽きてくるのです。まったく贅沢な話です。

　常に自分自身の状態をこの3つの輪で表現する習慣をつけてみてください。**最も重要なことは、「やりたいこと」つまりWANTの輪が明確であることです。これさえあれば、社会人生活を楽しく過ごす必要条件は満たしています。**

Business Skill 70

選択肢の中に正解がないとき

学生時代とは違うビジネスの世界のルール

　大学受験のセンター試験は複数の選択肢の中から1つ解答を選ぶというものでした。ですから選択肢「A」〜「E」の中から解答を選択しなさいと問われれば、この中から選ぶのが学生時代のルールでした。万が一にも、この5つの選択肢の中に解答がなかったり、2つ解答があったりした場合、翌日の新聞では大騒ぎになったものでした。

　ところが、ビジネスの世界では選択肢の中に解答がない場合があります。つまり学生時代のルールから見るとルール違反なのです。しかし、ルール違反だと声を大にしても、何も変わりません。逆にいうとビジネスの世界ではこれが常識であり、学生時代のルールこそが例外なのです。

　これを理解しているか、していないかも、イケてる社員とダメ社員の違いの1つです。例を見てみましょう。

3カ月後の新製品発売にあたり旧製品の在庫をどうするか？

　あなたは営業の責任者です。あなたの担当製品は3カ月後に新製品が出ることが決まりました。新製品は様々な改良が加わっているにもかかわらず、料金は10%安く設定されています。これは、仕入先を集約化したのと仕入先との共同開発の賜物で、それでも当社にとっては1台あたりの利益が増加します。

　しかし、まだこのことを顧客は知りません。新製品を発売するとなると、旧製品の在庫処理が問題になります。旧製品はほとんど売れなくなる可能性があるからです。その場合、旧製品の在庫は不良在庫となってしまいます。そこで会社は、営業マネジャーのあなたに、旧製品の在庫処分を依頼してきました。

　売れないとまるまる損害になるので、会社側も特別価格での提示も認

めてくれそうです。部署への利益計上も通常より高めに設定してくれています。上司からは、以下の3つの選択肢を提示されました。

①新製品情報は伝えず、通常に営業する。
在庫は残る可能性はあるが、自部署への利益はそれでも増加する。

②新製品情報は伝えず、値引きして営業する。
在庫の大半を処理できるし、自部署の利益も増加する。

③顧客をだますことになるので営業しない。
在庫は残り、部署の利益も増えないが、顧客の信頼は高くなる。

あなたが営業マネジャーの立場であれば、①～③のどれを選択しますか。ダメな営業マネジャーであれば、新製品情報を伝えずに、①もしくは②を選択することでしょう。そして、新製品が出た後で、顧客からクレームを受けてトラブル対応をすることになるのです。
正義感を履き違えている残念な営業マネジャーであれば、自己満足で③を選択するかもしれません。
一方、あなたがイケてる営業マネジャーであれば、新製品情報を伝えた上で、値引き営業をし、顧客の信頼は維持した上で、在庫も処理することを選択するはずです。
あるいは新製品と旧製品の特長を比較し、担当顧客をセグメントすることで、新製品ではなく、旧製品の方を好む顧客群を見つけることができるかもしれません。多分、私が営業マネジャーであればそうするでしょう。そうでなければ、新製品情報を伝えながら、旧製品の営業をするのは、かなり高度な営業スキルが必要だからです。
どちらにしても選択肢①～③以外の選択をするのが正解です。
ビジネスの世界では、学生の時代にはなかった「選択肢の中に正解がない」ケースがあることを覚えておいてください。

Business Skill 71 / 目的と手段の関係

ビジネスの成功確率を高める「なぜなぜ分析」

　リクルートは、あるコミュニケーションがユニークだと社外から言われることがあります。それは、誰かが何かをしたいという話をした際に、周りが**「なぜそれをしたいのか？」「ほかに選択肢がないのか？」**という**「なぜなぜ分析」**を矢継ぎ早に、しかも何度も何度も投げかけるのです。「あなたは何がしたいのか」。

　英語では「Why you are here?」と訳しています。

　私も新入社員の時からこの洗礼を嫌というほど受けました。おかげで、物事を深く考える習慣がつきました。ここでいう「深く」とは、**それを「やる目的は何なのか」「今回の手段は、その目的達成に最適なのか」「私が本当にしたいことなのか」**という自問を常にするようになり、物事を目的に照らし合わせて考える習慣がついたということです。

　私の営業時代の上司は「なんでや」が口癖で、私の回答に対して、さらに「なんでや」と質問をしてきました。正確に表現すると、「質問」ではなく、ほとんど「詰問」でした（笑）。

　後になって、この上司に確認したところ、**「無理やりでも5回『なんでや』と質問をして、それに対して回答できないような企画はたいしたことはない」**とある種の真理を語ってくれました。

企業の人材採用を「なぜなぜ分析」する

　かつて私は求人広告の営業をしていました。求人広告営業担当は、顧客の人事部など採用部門の担当者と商談をするわけです。

　顧客が求人広告を利用するのはどうしてでしょうか。広告を掲載したいからでしょうか。そんなわけはありません。顧客は人材を採用したいから求人広告を利用するのです。つまり人材採用が目的であり、求人広告掲載は「手段」というわけです。

一般的に手段は複数あります。少し専門的な話になりますが、顧客が人材採用をしたい場合の手段としては、求人広告への掲載以外にも、ハローワークへの求人申し込み、人材紹介会社、ヘッドハンターなどへの求人依頼、従業員への紹介キャンペーンの実施、自社ホームページでの求人活動の実施など様々な手段があります。その中で、リクルートグループの求人広告を1つの最適な手段として選択してくださるのです。

　つまり採用したいので、求人広告を利用しているのです。さらに、求人広告掲載から考えると、目的である「人材採用」は企業にとって最終的な目的ではないのです。つまり、本来の目的（目的の目的）から考えると1つの手段にすぎないのです。

「企業はなぜ人材採用をしたいのか？」

　直接的には、欠員募集、新規事業の要員募集、既存事業の強化など様々な理由が考えられます。しかし、抽象度を上げると、**「事業戦略を実現する」ため**と括ることができます。つまり、企業が事業戦略を設定し、それを実現するために経営資源である「人」「モノ」「金」の最適配分を考えた際に、「人材を外部から調達する」ことが最適な手段であると考えた場合に、人材の募集を行うのです。

　イケてる営業は、この目的の目的までを考えた上で営業活動を行っています。つまり今回の求人における真の目的を把握しているのです。

　当然、この真の目的を把握するためには、顧客担当者との表面的なコミュニケーションだけではできません。深いコミュニケーションが必要になります。この業界を知らない方から見ると、たかだか求人広告だと思うかもしれませんが、されど求人広告なのです。この真の目的を営業が把握して求人広告を作成しているかどうかが、圧倒的な違いとして成果に表れたのです。

「なぜなぜ分析」に5回答えられれば成功確率は高い

「顧客が自社製品を購入している真の目的は何か」という考え方自体は、求人広告業界という特殊な業界だけで成立する話ではありません。

あなたの業界でも必ず役立つ話です。

企業が何かを投資するのは、突き詰めれば事業戦略を具現化し、利益を上げるためです。事業戦略を実現する手段として人材を採用し、機械を購入し、販促ツールを作成し、コマーシャルをし、コンサルに調査を依頼し、部品を購入するのです。

顧客が機械を買いたいからと考えるのではなく、あるいは工場を拡張したいからと考えるのではなく、**その向こうにある事業戦略を意識しながら、目的の目的、そしてその目的の目的の目的は何かと、何度も何度も「なぜなぜ分析」を繰り返してみてください。**

私の上司ではないですが、5回「なぜなぜ分析」に対して答えられれば、私の経験則からみて、その考え方や仕事はかなり成功の確率が高いといえるでしょう。

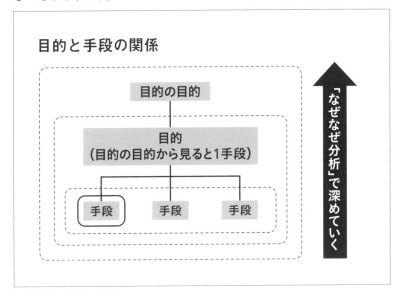

目的と手段の関係

Business 72 Skill / 見たことのある鶏は
食べられない

仕事で相手を怒らせてしまったときの最善策

トラブル発生。顧客からクレームが入っています。あまり考えたくない状況です。ところが、このトラブル対応が上手な人と下手な人がいます。**トラブル対応が上手な人は、これをきっかけに顧客との信頼関係を強固なものにします。**ところが下手な人は、トラブルをきっかけに取引関係を失ってしまいます。

担当者を怒らせてしまった私の体験談

私が新人営業のときのことです。スマホどころか携帯電話もメールもない時代の話です。少し昔話にお付き合いください。

ある金曜日の夕方に顧客から連絡が入りました。作成しているパンフレットの原稿に対して「上司が変更したいと言っているので何とか対応してほしい」というものでした。

すでに原稿は私の手元を離れ、制作ディレクターの手元も離れ、印刷会社に行っていました。制作ディレクターから印刷会社に連絡を取り、交渉の結果、何とか印刷を止めてもらえることになりました。

ただし、印刷会社には土日も対応してもらうスケジュールでしたので、印刷会社からは、訂正個所を早く教えてほしいという宿題をもらいました。そこで早速、顧客担当者に連絡を取ったのですが、かなり遅い時間になっていたこともあり、担当者はすでに帰宅してしまっていました。

印刷会社には、顧客が帰宅したので、訂正個所は分からない旨伝えました。印刷会社からは、土日が実働できないので納品が遅れること、特急対応の費用を顧客に請求してほしい旨を要望されました。ただ、顧客の「何とか対応してほしい」という要望には対応できたので、一安心という状態でした。月曜日の朝一番に連絡を取って、訂正個所を把握しよ

うと思い週末を迎えたのです。

　ところが、翌週月曜日の朝のことです。顧客担当者に電話をしたところ、相当怒っているのです。金曜日に連絡がなかったことを怒っています。私からの連絡がなかったので、担当者は上司に対して、「すでに印刷に回っており、納期を守るためには訂正の対応ができない」と報告してしまったそうなのです。担当者としては、それ以外の方法はありませんでした。

　そうなのです。私が金曜日の夜に顧客担当者に電話をしたとき、担当者は上司に対してこの報告をしていたのです。帰宅したのではなかったのです。

　さて、そうなると私の金曜日の判断が悔やまれます。もちろん言い訳はできます。「訂正に対応してほしい」と言ったのは顧客です。顧客担当者に電話をした際に、「担当者が帰宅した」と伝えたのは、担当者の部下です。上司に訂正対応できないという状況を伝えながら、私には電話をしてくれなかったのは、顧客担当者自身です。

　しかし、そんなことを言っても何も生み出しません。現実として突きつけられているのは、「訂正は対応できる」けれど、「納期は遅れる」「費用は増える」という事実です。時間を取り戻すことはできません。しかも、パンフレットの印刷工程は最終段階です。どこかのステップを詰めることで時間を短縮することもできません。結果、なす術はなく、顧客担当者との関係は悪くなり、取引は減少しました。

トラブルが起きたら「見たことのある鶏」になろう

　このとき、私がすべきことは何だったのでしょう。

　金曜日の段階、遅くとも翌週月曜日の朝には顧客を訪問すべきであったのです。そもそも、印刷会社と連絡を取っていたのは制作ディレクターです。私ではありませんでした。

　私自身が顧客先を訪問し、並行して制作ディレクターに印刷会社への

対応を頼めばよかったのです。私は、まず顧客先で「本当に訂正を対応しなければいけないのか。対応すると納期が遅れる可能性があるが、それでもよいか」と話をすべきだったのです。

つまりすぐ会いに行くべきだったのです。

あるいは、翌週月曜日には顧客先に訪問し、真っ先に金曜日の状況を直接顧客に説明すべきであったのです。そうすれば、こちら側の対応が誠意に基づくものであることも分かってもらえたはずです。

電話などで非対面の状態で怒ることができたとしても、直接面と向かって相手を罵倒したり、怒りを表現できる人はほとんどいません。電話は相手の姿が見えないため、相手に対して怒っている間に、どんどん怒りが増幅してくるのです。**仕事で相手は怒らせてしまっては話になりません。それを防ぐためにも、トラブルが発生したら、すぐに直接会うようにすべきです。**

もちろん並行して「トラブルへの対応をどうするか」を検討しなければなりません。しかし、**たとえ対応策が見つからなくてもまずは訪問するのがベストです。**

私はこれを**「見たことのある鶏は食べられない」理論**と表現しています。先ほどまで元気に庭先を走っていた、特にかわいがっていた「鶏」を食べられる人は、ほとんどいないのではないでしょうか。逆に見たことのある「スーパーマーケットに並んでいるパックに入った鶏」は食べられるのです。そうなのです。トラブル時に、私たちは「見たことのある鶏」にならなければなりません。

Business 73 Skill / ビジネスにおける「引き寄せの法則」
楽観主義の方がビジネスはうまくいく

「思ったことは実現する」

これは精神世界、スピリチュアルの本に共通して書いてあったことです。「引き寄せの法則」と呼ばれます。一般的には「思いつづければ実現する=Dreams Come True」といいますが、そうではなくて「思ったことは実現する」というのです。「思いつづける」ことは難しいですが、**「思う」だけであれば何とかできそうな気がしませんか。**

少しうさんくさいと思うかもしれませんが、それらの本がいうには神様あるいは宇宙は、われわれ人間が思ったことを必ず実現してくれるというのです。だから、「思ったことが実現する」のです。

ただし、よいことを思えばよいことが実現するように、悪いことを思えば悪いことが実現してしまうのです。つまり、例えば「この仕事がうまくいくといいな」と思えば成功するものの、「いつものように失敗するに違いない」と考えてしまうと、神様あるいは宇宙はそれを聞いて、「失敗したい」と思っているので、その「失敗」を実現させるのです。

楽観主義でいると「よい結果」が、悲観主義でいると「悪い結果」が出るのです。「楽観主義」か「悲観主義」かは、同じものを見ても判断が違います。例えばコップに水が入っているとします。その水の状態を「楽観主義」の人は、**「コップに水が半分ある」**と表現します。「悲観主義」の人は、同じ状態の水を**「コップの水はもう半分しかない」**と感じるのです。

もしもこれがサバイバルであれば「楽観主義」の人は**「コップに半分の水がある。これを大事に飲もう。そのうちに救助に来てくれる」**と考えるでしょう。一方、「悲観主義」の人は**「もう水はない。だから助からない」**と考えます。そして「楽観主義」の人は救助され、「悲観主義」の人は救助が辿り着く前に息絶えてしまっているというわけです。

「最高の成果」をイメージすることで成功を引き寄せる

　少しオーバーに表現しましたが、ビジネスのシーンでも似たようなことがよく起こります。
　「当社のメンバーはスキルが弱いので、このプレゼンテーションの企画は厳しい」と考えてプレゼンをすると、やはり「プレゼンで選ばれない」といった結果が出がちです。
　「確かにメンバーのスキルは弱いかもしれないが、みなが精一杯努力をしたので、いい企画ができた」と自信満々でプレゼンテーションを行うと、よい結果になるものです。
　私自身、プレゼンテーションを行う前に、「最高の場面」を思い浮かべるようにしています。プレゼンテーションでなくても、初めての方と会うときもそうです。ミーティングが終了したときに、相手が「ありがとう。とても有効な時間を持てた。あなたの企画を選択しましょう」と私に歩み寄り、握手をする場面を想像してから会議室に入室します。
　これを意識してから「よい結果」「好ましい結果」を得られる可能性が大幅に向上しました。常に「楽観主義」で「最高の結果をイメージする」のを意識してみてください。

楽観主義でいられないときはどうするか？

　しかし、人間は体調もあり、仕事以外の影響で「楽観主義」でいられないこともあります。そのときは目線をいつもより少し上にしてみてください。これは大学時代の体育の授業で教えてもらったことです。
　体と頭は密接に関係があるというのです。
　落ち込んでいるときは自然と頭がうなだれ、視線が下がっていきます。体育の授業のときにやった「体操座り」で目線を下げた状態がイメージしやすいと思います。この状態で楽観的なことを考えるのはとても困難だというのです。みなでやってみましたが、実際にそうなのです。

あまり前向きなことを考えにくくなるのです。体育の授業で体操座りをさせるのは、生徒を少し「悲観的」な気持ちにさせて、元気を削ごうという狙いもあるのではないかと勘ぐりました。

逆に立ち上がり、目線をいつもより上にしながら落ち込むことは困難です。ついつい楽しい気分になってしまうのです。この考え方を応用すればよいというわけです。

気分が滅入りそうなとき、自分自身がどのような体勢なのかを確認してみてください。きっと頭をうなだれて、目線が下がっているのではないでしょうか。足もとあたりを見ていたり、目をつむってしまっていませんか。

そのようなときは「少し目線を上向き」にして、体を「楽観主義」の状態にします。そうすると自然と心の方も「楽観主義」になり、考え方も「楽観主義」になってきます。そうすると、悩んでいたはずのことも、たいしたことではないと考えられるようになり、次の行動を起こそうという気持ちになってくるのです。そうすると、よい結果が得られるようになります。

だまされたと思って一度やってみてください。基本は最高の結果が出るように楽観主義でいる。しかしそれでも落ち込んだら目線をいつもより上向きにする。とても簡単ですが、効果はてき面です。

Business Skill 74

代替人材のいない不幸

「危機感」を常に抱きつづける工夫

　ビジネスパーソンにとって「自分にしかできない仕事」というのは、ある意味プライドも満たしてくれます。新入社員から数年は、「この仕事は誰にでもできる仕事だ。いつか自分にしかできない仕事をしたい」と思ったものでした。何もできない新入社員であれば、まずは「自分にしかできない仕事」を見つけ出すことが重要です。

　しかし、この章はビジネスパーソンとしてレベルアップするポイントを紹介するのが目的です。その意味では、**「あなたにしかできない仕事があること」＝「代替人材がいないことは不幸である」**という観点を伝えておきたいと思います。少し違和感を持つかもしれません。そこで例を紹介して、これを理解していただこうと思います。

時代遅れのデータ分析に疑問を抱かないベテラン社員

　私がマーケティング職をしていたころの話です。私が考案したマーケティングのフレームが優れているということで、当時の上司より、これを他のセクションに転用するよう依頼されました。つまり、私が考えたフレームを1つの標準モデルにしようというわけです。

　なかなか難しい仕事でした。どのセクションにもマーケティング担当がいて、独自の方法でマーケティングデータを分析していたからです。その人たちは、「とても優秀な人である」と評判を聞いたことがある人たちでした。

　さてどうしたものかと思案しながら、その中でも一番のベテランがいる部署に行ったのですが、拍子抜けしてしまいました。**その人のマーケティングデータは、現在のマーケット環境にまったく合わないものだったのです。**データは定期的にアウトプットされているのですが、経営陣の経営判断にはまるで使えないものでした。それどころか、十年一昔の

内容で、このようなデータを出せば、経営判断を惑わすものであったのです。

　私は戸惑いを隠せませんでした。その人への事前情報がなければそうではなかったでしょうが、「優秀である」という評判を聞いていたからです。その人と直接話をする機会があったので、婉曲に聞いてみたのですが、その人自身は「自分のマーケティングデータに問題がある」とはまったく思っていませんでした。ところが、客観的に考えれば、その人のデータ分析は時代遅れになっていたのです。

「危機感の欠如」はビジネスパーソン最大のピンチ

　なぜその人は、そうなってしまったのでしょうか。
　その理由こそが**「代替人材のいない不幸」**なのです。
　まず、私自身のことを話しましょう。私がマーケティングの仕事をしていた当時のことです。私が急にいなくなっても、おそらく数名の代わりの人材が社内にいたと思います。特に、最初のころはアウトプットのレベルも低かったので、代替人材の数は数え切れないほどでした。
　当時、マーケティングデータの分析は、私の部署で集中的に行っていたのですが、分散して商品側でやった方がよいのではないかという意見もあり、部署自体の存続の危機でもありました。
　別に組織を存続することが目的であったわけではありません。しかし、私たちの部署の存在意義は示したいと思っていました。様々な本を読み、社内外の専門家から意見収集に努めました。つまり、「代わりの人材がいる」、いつ「組織自体がなくなるかもしれない」といった強い危機感があったのです。それが、成長の駆動力になったのです。
　これでお分かりかもしれません。
　前述のベテランのマーケターには「危機感」がなかったのです。その人の組織は小さく、その人以外にデータ分析ができる人は皆無でした。その状態で数年が過ぎたのです。マーケティングデータで分からないことがあれば、必ずその人に相談が来るのです。その状態が続くと、人は

学ぶのを止めてしまいます。つまり、前述のラーニング・アビリティ（245ページ参照）が低下するのです。そうなるともうダメです。**環境変化の激しい現代では、学ぶことを止めた瞬間から、能力低下が始まります。**厳しい話ですが、しかし、事実なのです。

「代替人材のいない不幸」とは、まさにこのことなのです。

　人間は弱い生き物です。自分の存在が脅かされないと思えば、進化を止めてしまうものです。つまり、「代替人材のいない状態」はきわめて居心地がよい状態ですが、その状態でも「ラーニング・アビリティー」を保ちつづけて、進化しつづけないといけないということです。

　もしも、同じ部署に代替人材がいない、つまりライバルがいない場合は、他の部署にあなたの立場を脅かす人を見つけてください。社内にいない場合は、社外に見つけてください。仮想ライバルがいた方が、危機感を醸成しやすいからです。

　「代替人材のいない不幸」。覚えておいてください。

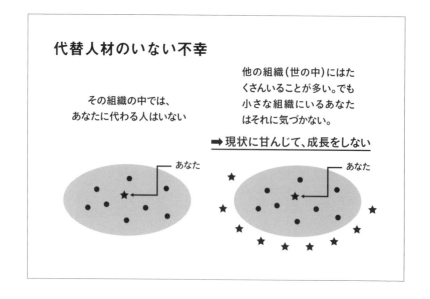

Business 75 Skill

人工知能（AI）は人の仕事を奪うのか

近未来に求められるビジネススキル

この話は結論が出ています。

「奪う部分はあるが、新しい仕事も出てくる」

これが現時点での最も正解に近い答えだと思います。ここでのポイントは、①奪われるのは「部分」という点、②「新しい仕事」が生まれてくるという点です。少し説明しましょう。

AIに代替されるのは「仕事」ではなく「タスク」

次ページの図のように仕事はいくつかのタスクに分解ができて、それぞれのタスクを実行するには固有のコンピテンシーが求められます。そのコンピテンシーを持っている人材は、そのタスクをうまく実行できます。

逆に必要なコンピテンシーを保有していない人材は、そのタスクをうまくこなせません。そしてAIやロボットにも人間同様に得手不得手があるのです。

AIが得意なのは「大量の情報処理」と「繰り返し作業」です。これらが求められるタスクについては、人間はAIやロボットに到底及びません。AIやロボットが代替できるのは、これらのコンピテンシーが必要なタスクです。

ちなみに約5割の仕事が代替されるというのは、正確には仕事ではなくタスクが代替されるという話です。当然ながら、すべてのタスクがなくならない限りその仕事は残ります。例えば、欧米で、営業の仕事がタスクベースで分離され、コールセンターなども積極的に活用されていますが、営業の仕事は相変わらず存在しています。

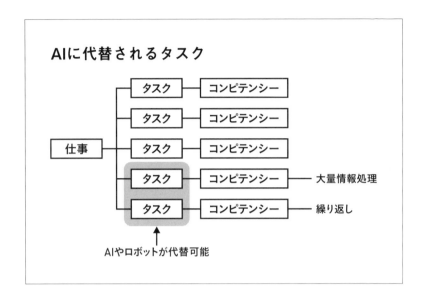

汎用型AIの未来予測

　また、AIの議論になると**「汎用型のAIができたら何でもできる」**という人がいます。私は、この分野の専門ではありませんが、信頼できる専門家の友人たちに聞くと、現在の延長線上の技術では無理であることは自明だそうです。

　また、ある友人は、別の観点から時間がかかるという話をしてくれました。それはどのように製造するのかという点です。高性能なロボットを製造することを考えると、精密な組み立てが必要になります。例えば自動車レベルでしょうか。現在世界で製造されている自動車が年間1億台弱。つまり、新たにロボットを製造するにしても、現在の自動車の製造設備をすべて代替しても年間1億台弱の生産しかできないのです。

　労働者人口は数十億人クラスいますので、今からすぐにロボットを作っても、かなりの年月が必要なのが分かります。しかも、高性能な汎用型ロボットはまだ作られていませんし、当然ながらそれを製造するロボ

ット工場はまだ影も形もありません。すべてIf（もしも〜だったら）という前提で話がされているのです。

　また、**過去のイノベーションで新たな仕事が生まれなかったことは一度もありません**。自動車が生まれて、馬での移動がなくなりました。しかし自動車関連の仕事はたくさん生まれました。自動織機ができたときにはラッダイト運動（機械の破壊運動）が起きましたが、たくさんの工場労働を産み出しました。私が小さいころは電車や映画館で切符を切る仕事がありました。バスにも車掌さんが乗っていました。しかし、新たな仕事に吸収されていきました。

　最近ではAIがデータをきちんと読み込めるようにする職種が生まれてきています。ユーチューバーは子供の人気職種にランキングされています。

　近未来の話を書きました。

　2030年ごろにどうなっているのか楽しみです。

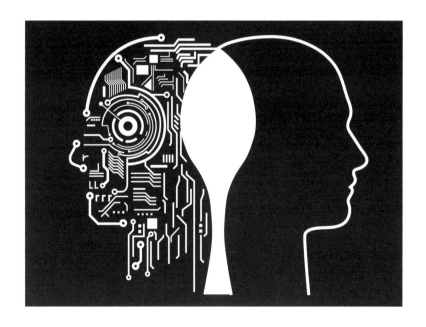

特別付録

マネジメントに役立つ厳選名著17選

私は、2000年ごろから、約20年間、年に100冊以上本を読んでいます。合計2000冊程度になります。たくさん本を読んでいるので、様々な方にどのような本を読めばよいのか相談をもらうことがあります。

　当然相手の状態や課題に合わせて推薦することも多いのですが、ビジネス全般に役立つ本を紹介してほしいという話もよく受けます。その際は、マネジメントの本を紹介することが多いのです。

　「マネジメント」いうと管理職だけに必要なスキルだと誤解されている方も多いかもしれません。しかし、私が考えるマネジメントは、**人に対する「PE：ピープルエンパワーメント」**と、**仕事に関する「PM：プロジェクトマネジメント」**の2つの要素からなっています。人のやりたいことをみつけ、仕事を上手にこなしていくイメージですね。

　ここでいう「ピープル」とは、部下やメンバーだけではなく、自分自身や家族なども含まれます。つまり、私の考えるマネジメントとは、「自分自身も含めた、人が活躍するための重要なスキル」なのです。

　そこで、今回は、時代を超えて読み継がれている、古典の名著を中心としたマネジメントスキルが学べる本を選びました。

　それぞれ簡単な概要を書きました。

　少しでもピンときたものがあれば、手に取ってみてはいかがでしょうか。

> Business 76 Skill / 「PE：ピープルエンパワーメント」の名著

---□ 初級編1冊目

アービンジャー インスティチュート
『自分の小さな「箱」から脱出する方法』
　これは「自責性と他責性」（248ページ参照）のバランスを理解するのに役立つ本です。人間関係はすべて自分が原因で引き起こしていて、自分が変わることで解決の糸口がみつかることが理解できます。
　他人が原因であると考えている状態を「箱に入っている状態」だと表現しています。
　何か人間関係の問題が起きたときに、私たちは「相手の問題」と考えがちです。ところが本当の問題は「自分」の側にあります。読み進めるうちに、家庭や職場での人間関係を深め、良好な関係を作る方法を学べます。

---□ 初級編2冊目

ケン・ブランチャード他著
『1分間リーダーシップ』
　マネジメントスタイルとは、人事に変化させるのではなく、ミッションごとに変化させるということを学べます。その人の能力とやる気のマトリクスで整理し、マネジメントの仕方を変える重要性が分かります。私は「9ボックス」として活用しています（209ページ参照）。

中級編1冊目

ケン・ブランチャード、スペンサー・ジョンソン著
『1分間マネジャー―何を示し、どう褒め、どう叱るか!』
　すごく薄い本で、読むのに1時間もあれば十分です。書いているのはマネジャーがすべき3つのスキル。それは1分間で「教える」「ほめる」「叱る」。この3つこそがマネジャーがする仕事だということが分かります。私は、Business Skill 55「できるマネジャーのフィードバック」での「メンバーへの感謝」として取り入れています(213ページ参照)。

中級編2冊目

P・F・ドラッカー
『経営者に贈る5つの質問』
　ドラッカーの本をどれか選びたいと思っていたときに、組織に大量の新卒が配属されました。新人研修の一環として、彼らにこの5つの質問に回答してもらいました。

「われわれのミッションは何か?」
「われわれの顧客は誰か?」
「顧客にとっての価値は何か?」
「われわれにとっての成果は何か?」
「われわれの計画は何か?」

　これに回答するのは、マネジャーにとっても難しいですが、新人にとってはかなり骨の折れる質問です。先輩や顧客にも話を聞かないといけないので、組織理解のためのとてもよい題材になりました。

上級編 1 冊目

デール・カーネギー
『人を動かす』
　デール・カーネギーの代表的な著書の1つです。自己啓発書の元祖と称されることも多い本です。人を動かす三原則、人に好かれる六原則、人を説得する十二原則、人を変える九原則などを学べます。私は、Business Skill 55「できるマネジャーのフィードバック」での「メンバーへの感謝」と「メンバーへの要望」の伝え方で活用しています。

上級編 2 冊目

マーシャル・ゴールドスミス
『コーチングの神様が教える「できる人」の法則』
　GEを再生したジャック・ウエルチのエグゼクティブコーチが書いた本です。成功しているリーダーでさえ、つい日常的にやってしまう「悪い癖」を持っています。この「悪い癖」を直すことこそ、ビジネスでも人生でも成功するための条件だということが学べます。
　私は、かつてこの本を同僚の管理職に推薦したことがあります。彼がこの本を読んで、その直後にメンバーとの関係性が大きく変わったのを目の当たりにしました。
　人はいくつになっても、よい方向に変化できます。

Business 77 Skill 「PM：プロジェクトマネジメント」の名著

初級編

フィリップ・コトラー、ケビン・レーン・ケラー
『コトラー&ケラーのマーケティング・マネジメント 第12版』
　プロジェクトマネジメントをするためにマーケティングの知識は必須です。全体像を学べる本がよいと思います。いろいろあるのですが、結局、値段は張りますがコトラーを押さえておくか、辞書的なマーケティングの本を読んで、全体像やキーワードを把握しておくことが早道に思います。

中級編1冊目

エイドリアン・スライウォツキー
『ザ・プロフィット 利益はどのようにして生まれるのか』
　Business Skill 24「フレームの基本❼ 利益モデル」（93ページ参照）で概要を説明しましたが、事業企画、事業開発をする人にとって必読書ですね。

中級編2冊目

遠藤功
『見える化――強い企業をつくる「見える」仕組み』
　遠藤功さんの本は必読ですが、この本はその中でも必読です。今ではもはや一般名詞化された「見える化」を広めた本です。
　この本では「見える化」を「問題の見える化」「状況の見える化」「顧客の見える化」「知恵の見える化」「経営の見える化」という5つのカテ

ゴリーに分け、30を超える事例が掲載されています。私の課題解決の基本的なアプローチの参考にしています。

上級編1冊目

遠藤功
『ねばちっこい経営 粘り強い「人と組織」をつくる技術』
　遠藤功さん2冊目です。
「ねばちっこい」とは、茨城の方言で「粘り強い」「ねばっこい」という意味で、「粘り強い人」や「粘着力の高い組織」を作るノウハウを学べます。
「強い企業」は、どこも「粘り強い」。
　逆に「並の企業」は、じつに「飽きっぽい」のです。
　私はBusiness Skill 60「PDDS」(231ページ参照)などの必ず振り返ることなどで参考にしています。

上級編2冊目

三枝匡
『V字回復の経営──2年で会社を変えられますか』
　三枝匡さんの名著3部作の最初の本です。タイトル通り、「2年で黒字化できなければ、退任する」と主人公の黒岩莞太は、戦略的なアプローチと覚悟を武器に不振事業再建に取り組みます。
　実際に行われた組織改革を題材にしていて、小説としても面白いですし、V字回復の際の手順を学ぶことができます。私は、かつて事業開発を担当した際に、結果としてこのストーリーをトレースして大きく事業を伸長させることができました。

Business Skill 78 / 「PE」と「PM」の両要素に関する名著

初級編1冊目

パウロ・コエーリョ
『アルケミスト 夢を旅した少年』

　父から神父になりなさいと言われていたサンチャゴは、もっと広い世界が知りたくて羊飼いになります。そして若くして成功します。

　ところが、「エジプトのピラミッドに来れば隠された宝物を発見できる」という夢を2度も見ます。半信半疑だったのですが、すべての羊を売って、冒険の旅に出ます。

　その後、様々な波乱が起きます。世界中でヒットしたお話です。

　このストーリーからみなさんが何に気づくのか楽しみです。

初級編2冊目

エリヤフ・ゴールドラット
『ザ・ゴール——企業の究極の目的とは何か』

　私のプロジェクトマネジメントの基本的な考え方にしているTOC（制約条件理論）を学べる最初の本です。少し厚い本ですが、小説としても面白いです。

　このままでは工場を閉鎖しないといけない状況に追い込まれた主人公が、昔の恩師と偶然出会い、彼から制約条件理論を学び、工場を再生していく話です。サイドストーリーとして、家族とのもめ事もあり、楽しみながら学べます。

中級編1冊目

エリヤフ・ゴールドラット
『ザ・チョイス―複雑さに惑わされるな！』

　エリヤフ・ゴールドラット教授は、工場運営、システム開発、事業開発、営業などたくさんの事例で制約条件理論についての本を書いています。

　この本からは、教授が娘との会話を通じて、一見複雑に見える事象であっても、「本来、ものごとはとてもシンプルである」ということを学べます。私が「KPIは1つに絞るべきである」と考える参考にした本です。

中級編2冊目

リチャード・クラフォルツ
『ザ・キャッシュマシーン』

　同じく制約条件理論を営業・販売に活用した本です。『ザ・ゴール』のシリーズなのですが、著書は異なります。「姉妹本」という位置づけになる本です。営業の課題解決をする際の参考にしています。

上級編1冊目

スティーヴン・レヴィット、スティーヴン・ダブナー
『ヤバい経済――悪ガキ教授が世の裏側を探検する』

　日常生活に浸透している様々な通念をデータなどでひっくり返す本です。米国で凶悪犯罪が減った理由、不動産屋さんは誰の味方か、銃とプールはどちらが子供を危険にさらすのか、麻薬の売人はなぜいつまでも母親と住んでいるのか……など、直観と実際の理由が異なる事例をいくつも学べます。私が、話を聞いたときに元データを確認する習慣がつく

ようになった本です。

上級編2冊目

マッテオ・モッテルリーニ
『経済は感情で動く──はじめての行動経済学』

　日常の買い物、食事、株式投資、選挙、競馬や宝くじなど、お金の常識を覆してくれる本です。2002年にノーベル経済学賞を受賞したダニエル・カーネマンが推薦している本でもあります。

　クイズ形式で、行動経済学と神経経済学の基礎が学べます。話を聞いたときに私が元データを確認する習慣がつくようになったのは、この本のおかげです。

追加必読書

　次の2冊は中尾塾では紹介していませんが、必読の本です。

安宅和人
『イシューからはじめよ──知的生産の「シンプルな本質」』

　Yahoo!のCSO・安宅和人さんの本ですね。私たちが「問題だ」と思っているそのほとんどが、「いま、この局面でケリをつけるべき問題＝イシュー」ではないことを指摘しています。

　本当に価値のある仕事をしたいなら、本当に世の中に変化を起こしたいのなら、この「イシュー」を見極めることが最初のステップになります。ちなみに、100個の「問題」のうち、イシューは1〜2個です。そしてこの本ではそのイシューをどうやって解くのかを学べます。

チャールズ・デュヒッグ
『習慣の力 The Power of Habit』

　Business Skill 43「習慣の力」（168ページ参照）で取り上げている本

です。

　経済産業省の委員をしている際に、伊藤元重先生から勧められた本です。実は人の行動の4割は習慣です。そして、習慣はきっかけ、行動、報酬のセットからなっています。悪い習慣を改善することも、よい習慣を作ることも、原理原則が分かっていると、実行できる可能性が高まります。

── おわりに

　この本を書いている途中に私は働き方を変えました。
　リンダ・グラットンさんの『LIFE SHIFT（ライフ・シフト）』を読みました。そこには人生100年時代だと書いています。そうすると定年後も働き続けるわけです。
　定年後も働くのであれば、善は急げです。
　2019年1月24日に会社を創りました。
　新会社は「株式会社中尾マネジメント研究所」といいます。
　この会社を本書で紹介した「TCME」（58ページ参照）で説明します。

Target：世の中に役立つサービス・製品を持っていて、成長を志向している会社で、私のマネジメントノウハウにより成長が加速できる、あるいは課題を解決できる可能性がある会社です。そして仕事をする相手は、その会社の経営陣です。

Contents：私がビジネスパーソンとして30年間学び、実践してきたマネジメントの体系であり、マネジメントの具体的な実践ノウハウです。

Media：ほぼ自分のSNSだけです。設立当初は、たくさんの企業に対して価値を提供できないからです。

Expression：経営者が分かる言葉で説明しています。

何を説明しているかというと、自分自身で会社を作ってみて、世の中が大きく変わったと感じたのです。それを最後にシェアしたいのです。
　上記のTCMEでいうと、圧倒的にMが弱いのです。自分のFacebookで「仕事の仕方を変えます」と書いただけです。
　それに対して、友人が会社を紹介してくれるのです。驚きです。ひと昔前だと考えられなかったことです。
　もしかすると、私に30年のビジネス経験があるからと思う方もいるかもしれません。そんな人は、ごろごろいます。「本を書いているから」と思う人がいるかもしれません。これは、少し影響があるかもしれません。実際、本を読んで、それがきっかけで相談が来ています。しかし、本を書くハードルもどんどん下がっています。書こうと考えて、動き出せば可能性はかなりあります。
　ただ、もしかすると私がフォーカスしてきたマネジメントは、他の方との差別化になっているかもしれないと感じています。昨年、『**最高の結果を出すKPIマネジメント**』（フォレスト出版）を上梓した際にもそう感じました。失敗している人たちの大半は、単なる数値マネジメントにすぎません。そこで、私がやってきた、教えてきたKPIマネジメントを活用すると、組織が変わる可能性が高いのです。
　今回書いたマネジメントの話もそうです。いわゆる課長や部長という管理職は年功序列で昇格する……といった話とは一線を画しています。私のマネジメントは、ピープルマネジメントであり、プロジェクトマネジメントであり、AIやITが注目されている時代だからこそ、重要になっているマネジメントなのです。

　第6章の冒頭にも書きましたが、マネジメントは管理職だけの仕事ではありません。

プロジェクトマネジメントは、すべてのビジネスパーソンに必要です。そしてピープルマネジメントの対象は、部下や同僚だけではありません。自分自身をやる気にさせることができない人が、他人をやる気にさせることなどできません。自分のやりたいこと、やりたくないことにきちんと耳を傾ける、これがピープルエンパワーメントの基礎です。

　自分に対してピープルエンパワーメントができるからこそ、他人に対してできるのです。

　つまり、私が本質的なマネジメントについて実践できていることが、上述の仕事の問い合わせに繋がっている可能性があるのだと感じています。まだまだマネジメントが必要なフィールドはたくさんあります。ぜひ、2つのスキルを習得してください。

　最後までお付き合いいただき、ありがとうございました。私が書いたノウハウが、みなさんの仕事のレベルアップに少しでも役立てば嬉しいです。

　最後の最後になりますが、編集者の寺崎翼さんにお礼申し上げます。『最高の結果を出すKPIマネジメント』に続いて2冊目になりますが、本当に楽しく本を作ることができした。ありがとうございます。

株式会社中尾マネジメント研究所（NMI）
中尾隆一郎
https://nminstitute.jp

【著者プロフィール】
中尾隆一郎（なかお・りゅういちろう）
株式会社中尾マネジメント研究所（NMI）代表取締役社長
兼 株式会社旅工房（マザーズ6548）取締役
リクルートに29年間勤務。リクルートテクノロジーズ代表取締役社長、リクルート住まいカンパニー執行役員、リクルートワークス研究所副所長を歴任。
1989年リクルート入社。主に住宅、人材、IT領域を歩み、住宅領域の新規事業であるスーモカウンター推進室室長時代に同事業を6年間で売上30倍、店舗数12倍、従業員数を5倍にした立役者。リクルートテクノロジーズ社長時代は、優秀なIT人材を大量に採用、かつ早期戦力化することで、リクルートグループ全体の「ITで勝つ」という方針実現に貢献。
その他、日本初の求人広告の対価を顧客からストックオプションで支払っていただくスキームを実現。リクルートグループに管理会計の仕組みを導入。メディアの学校（リクルート社内大学）の「KPIマネジメント」「数字の読み方・活用の仕方」の講師として11年間、受講者1000名超を担当。
2019年3月株式会社中尾マネジメント研究所を設立。世の中に役立つサービスを提供×大きな成長を志向×中尾の関与で実現度合いが高まるテーマ（主に経営マネジメント強化）×経営陣と直接仕事をする案件に絞ってビジネスをスタート。
専門は事業執行、マネジメント全般、事業開発、マーケティング、人材採用、組織創り、KPIマネジメント、管理会計など。良い組織づくりの勉強会（TTPS勉強会）主催。
著書『転職できる営業マンには理由がある！（共著）』（東洋経済新報社）、『リクルートが教える営業マン進化術（共著）』（全日出版）、『「数字で考える」は武器になる』（かんき出版）、『最高の結果を出すKPIマネジメント』（フォレスト出版）。
ビジネスインサイダージャパンで毎月マネジメントについて執筆中。

1964年5月15日生まれ。大阪府出身。
1987年大阪大学工学部卒業。89年同大学大学院修士課程修了。
2019年エッセンシャルマネジメント・スクール（EMS：0期生）

株式会社中尾マネジメント研究所（NMI）
https://nminstitute.jp

最高の成果を生み出す
ビジネススキル・プリンシプル

2019年4月10日　　初版発行

著　者　中尾隆一郎
発行者　太田　宏
発行所　フォレスト出版株式会社
〒162-0824 東京都新宿区揚場町2-18　白宝ビル5F
電話　03-5229-5750（営業）
　　　03-5229-5757（編集）
URL　http://www.forestpub.co.jp
印刷・製本　日経印刷株式会社

©Ryuichiro Nakao 2019
ISBN978-4-86680-020-2　Printed in Japan
乱丁・落丁本はお取り替えいたします。

最高の成果を生み出す

ビジネススキル・プリンシプル

本書をお読みくださったみなさんにスペシャルコンテンツをプレゼント！

購入者無料プレゼント

PDFファイル

紙幅の都合上カットした原稿を再編集したボーナスコンテンツ
さらに深堀りして成果を上げる

マニアックなビジネススキル12選

第3章「数字を使いこなして判断する」をさらに追求した「過剰一般化のバイアス」「平均値・中央値・最頻値の使いこなし方」、マネジメント分野で話題の「OKR」、本書156ページ収録のBusiness Skill 40「105％の面談と95％の面談の大きな違い」における面談成功の秘訣「ピークエンドの法則」、KPIマネジメントの勘所「CSFの見つけ方」など、気になるコンテンツをギュッとまとめました。

※PDFファイルはWeb上で公開するものであり、小冊子、CD、DVDなどをお送りするものではありません。
※上記特別プレゼントのご提供は予告なく終了となる場合がございます。あらかじめご了承ください。

▼読者プレゼントを入手するにはこちらへアクセスしてください

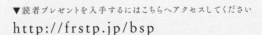
http://frstp.jp/bsp